全国教育科学"十二五"规划教育部重点课题"高校辅导员职业价值观与工作幸福感及其相互促进机制研究"（批准号：DIA130316）

高校辅导员职业价值观与工作幸福感及其相互关系研究

◎ 张爱莲　著

中国社会科学出版社

图书在版编目(CIP)数据

高校辅导员职业价值观与工作幸福感及其相互关系研究/张爱莲著.—北京：中国社会科学出版社，2018.11
ISBN 978-7-5203-3569-0

Ⅰ.①高… Ⅱ.①张… Ⅲ.①高等学校—辅导员—工作—研究 Ⅳ.①G645.1

中国版本图书馆 CIP 数据核字（2018）第 260647 号

出 版 人	赵剑英
责任编辑	周晓慧
责任校对	无　介
责任印制	戴　宽

出　　版	中国社会科学出版社
社　　址	北京鼓楼西大街甲 158 号
邮　　编	100720
网　　址	http://www.csspw.cn
发 行 部	010-84083685
门 市 部	010-84029450
经　　销	新华书店及其他书店
印　　刷	北京明恒达印务有限公司
装　　订	廊坊市广阳区广增装订厂
版　　次	2018 年 11 月第 1 版
印　　次	2018 年 11 月第 1 次印刷
开　　本	710×1000　1/16
印　　张	12.75
插　　页	2
字　　数	201 千字
定　　价	56.00 元

凡购买中国社会科学出版社图书，如有质量问题请与本社营销中心联系调换
电话：010-84083683
版权所有　侵权必究

目　录

第一章　绪论 …………………………………………………… (1)
　第一节　研究背景 ………………………………………………… (1)
　　一　问题提出 …………………………………………………… (1)
　　二　研究意义 …………………………………………………… (1)
　　三　研究思路 …………………………………………………… (3)
　第二节　核心概念的界定 ………………………………………… (3)
　　一　高校辅导员 ………………………………………………… (3)
　　二　职业价值观 ………………………………………………… (4)
　　三　工作幸福感 ………………………………………………… (6)

第二章　高校辅导员职业价值观问卷编制 …………………… (8)
　第一节　高校辅导员职业价值观初测问卷的形成 ……………… (9)
　　一　高校辅导员职业价值观结构化访谈 ……………………… (9)
　　二　高校辅导员职业价值观开放式问卷调查 ………………… (13)
　　三　高校辅导员职业价值观初测问卷形成 …………………… (18)
　第二节　高校辅导员职业价值观正式问卷的确定 ……………… (24)
　　一　高校辅导员职业价值观正式问卷施测样本 ……………… (24)
　　二　高校辅导员职业价值观正式问卷研究程序 ……………… (25)

三　高校辅导员职业价值观正式问卷探索性
　　　　因素分析……………………………………………（25）
　　四　高校辅导员职业价值观正式问卷验证性
　　　　因素分析……………………………………………（28）
第三节　高校辅导员职业价值观正式问卷的信度与
　　　　效度检验…………………………………………（30）
　　一　高校辅导员职业价值观正式问卷的信度检验………（30）
　　二　高校辅导员职业价值观正式问卷的效度检验………（30）
第四节　关于高校辅导员职业价值观结构的讨论……………（32）

第三章　高校辅导员工作幸福感问卷编制……………………（35）
第一节　高校辅导员工作幸福感初测问卷的形成……………（36）
　　一　高校辅导员工作幸福感结构化访谈…………………（36）
　　二　高校辅导员工作幸福感开放式问卷调查……………（48）
　　三　高校辅导员工作幸福感初测问卷形成………………（62）
第二节　高校辅导员工作幸福感正式问卷的确定……………（68）
　　一　高校辅导员工作幸福感正式问卷施测样本…………（68）
　　二　高校辅导员工作幸福感正式问卷研究程序…………（68）
　　三　高校辅导员工作幸福感正式问卷探索性
　　　　因素分析……………………………………………（68）
　　四　高校辅导员工作幸福感正式问卷验证性
　　　　因素分析……………………………………………（72）
第三节　高校辅导员工作幸福感正式问卷的信度与
　　　　效度检验…………………………………………（74）
　　一　高校辅导员工作幸福感正式问卷的信度检验………（74）
　　二　高校辅导员工作幸福感正式问卷的效度检验………（74）
第四节　关于高校辅导员工作幸福感结构的讨论……………（75）

第四章　高校辅导员职业价值观现状调查 (78)

第一节　高校辅导员职业价值观总体情况 (79)
一　调查样本基本信息 (79)
二　高校辅导员职业价值观总体情况 (82)

第二节　高校辅导员职业价值观比较分析 (84)
一　不同性别高校辅导员职业价值观比较 (85)
二　不同年龄段高校辅导员职业价值观比较 (86)
三　不同受教育程度高校辅导员职业价值观比较 (88)
四　不同工作年限高校辅导员职业价值观比较 (91)
五　不同婚姻状况高校辅导员职业价值观比较 (93)
六　来自不同类别高校的辅导员职业价值观比较 (94)

第五章　高校辅导员工作幸福感现状调查 (96)

第一节　高校辅导员工作幸福感总体情况 (97)
一　调查样本基本信息 (97)
二　高校辅导员工作幸福感总体情况 (97)
三　高校辅导员对工作的喜欢程度 (101)
四　高校辅导员对工作的喜欢程度与工作
　　幸福感的相关性 (102)

第二节　高校辅导员工作幸福感比较分析 (104)
一　不同性别高校辅导员工作幸福感比较 (104)
二　不同年龄段高校辅导员工作幸福感比较 (106)
三　不同受教育程度高校辅导员工作幸福感比较 (108)
四　不同工作年限高校辅导员工作幸福感比较 (111)
五　不同婚姻状况高校辅导员工作幸福感比较 (113)
六　来自不同类别高校的辅导员工作幸福感比较 (114)

第六章　高校辅导员职业价值观与工作幸福感相互关系考察 …（118）
第一节　高校辅导员职业价值观与工作幸福感相关分析 …（119）
第二节　高校辅导员职业价值观与工作幸福感回归分析 …（120）
第三节　高校辅导员职业价值观与工作幸福感路径分析 …（122）

第七章　高校辅导员职业价值观培育与工作幸福感提升路径探讨 …（127）
第一节　关于提升辅导员工作幸福感的焦点小组访谈 …（128）
第二节　面向高校辅导员的访谈 …（143）
　　一　访谈提纲 …（144）
　　二　访谈对象 …（144）
　　三　访谈结果 …（144）
第三节　面向高校辅导员工作负责人的访谈 …（154）
　　一　访谈提纲 …（155）
　　二　访谈对象 …（155）
　　三　访谈结果 …（155）
第四节　高校辅导员职业价值观培育与工作幸福感提升路径 …（161）
　　一　培育高校辅导员职业价值观的路径 …（161）
　　二　提升高校辅导员工作幸福感的路径 …（163）

第八章　总结与展望 …（168）
　　一　关于高校辅导员职业价值观 …（168）
　　二　关于高校辅导员工作幸福感 …（169）
　　三　关于高校辅导员职业价值观与工作幸福感的关系 …（171）
　　四　关于高校辅导员职业价值观培育与工作幸福感提升路径 …（172）
　　五　研究不足与展望 …（172）

附录 …………………………………………………（175）

参考文献 ……………………………………………（186）

后记 …………………………………………………（194）

第一章 绪论

第一节 研究背景

一 问题提出

近年来,辅导员作为高校思想政治教育工作的主体力量之一,越来越受到重视,各高校也愈加关注辅导员的成长和发展,这在一定程度上调动了辅导员的工作积极性和创造性,提高了他们的工作水平。但由于一些主客观因素的影响,辅导员这一职业存在着工作负担重,琐碎事务多,心理压力大,成就感不高的现象,因此有部分辅导员认为这个职业"责任重大,待遇低下,前途渺茫",表现出较低的职业认同水平。这无疑受到了辅导员职业价值观的影响,并进而影响到他们的工作幸福感。目前高校辅导员职业价值观和工作幸福感总体情况如何?辅导员职业价值观与工作幸福感之间如何相互影响?如何通过有效途径来培育高校辅导员的职业价值观,提升他们的工作幸福感,并在二者之间形成良性的相互促进机制,成为一个值得研究和探讨的重要课题。

二 研究意义

工作幸福感是衡量社会和谐的一个重要指标。工作幸福感会受到个人动机、工作性质、经济收入、人际关系、组织支持、工作压力等多种因素的影响（庞宇、蔡宁伟、彭永芳等，2018）。Staw 等（1994）通过研究发现，管理者对快乐员工的工作质量、可靠性和创新能力给予了很高的评价。Wright 等（2004）发现，由管理者评估的员工绩效与幸福感显著相关，快乐员工的缺勤率和离职率较低。可见，工作幸福感有助于个体能动性的发挥，组织凝聚力的形成和组织自身的发展。提升个体工作幸福感，可以提高他们的工作积极性和工作绩效，因此工作幸福感是组织和社会发展的不竭动力（郑国娟、张丽娟，2006）。

影响幸福感的因素有很多，价值观是其中一个重要因素。Oishi 等（1999）研究发现，在人格与幸福感的关系中，价值观是重要的中介变量，它能缓和人们在具体领域的生活满意度与总的生活满意度之间的冲突。事实上，幸福感问题归根到底是价值观问题，"不幸福"背后通常存在着价值观的冲突。而职业价值观决定了一个人通过工作追求什么，个体在工作中是看重声望地位、物质报酬、人际关系，还是安全稳定、自身发展等，这会对工作幸福感产生程度不同的影响（郑洁、阎力，2005）。

教育部于 2006 年颁发了《普通高等学校辅导员队伍建设规定》，2017 年颁发了该规定的修订版。该规定的修订版指出，辅导员应当努力成为学生成长成才的人生导师和健康生活的知心朋友。该规定对高校辅导员主要工作职责的界定包括"思想理论教育和价值引领"，辅导员要帮助学生牢固树立正确的世界观、人生观、价值观，有针对性地帮助学生处理好思想认识、价值取向、学习生活、择业交友等方面的具体问题。辅导员工作职责还包括"职业规划与就业创业指导"，高校辅导员应为学生提供科学的职业生涯规划和就业指导以及相关服务，帮助学生树立正确的就业观念（教育部，2017）。

辅导员的职业价值观与工作幸福感，会直接影响他们工作职责的发挥。尤其是在当前形势下对大学生就业创业的指导，更是与辅导员自身的职业价值观有着密切关系。通过对高校辅导员职业价值观与工作幸福感及其相互关系进行研究，有助于把握高校辅导员职业价值观与工作幸福感的现状，对于高等教育主管部门和高校有针对性地培育辅导员的职业价值观，提升辅导员的工作幸福感，从而更好地发挥辅导员在高等教育中的作用，具有非常重要的实践意义与价值。同时，其成果也是对职业价值观、工作幸福感相关研究的丰富与发展。

三 研究思路

本书的研究思路为：

1. 在查阅国内外相关文献的基础上，采用结构访谈法与问卷调查法，遵循心理测量学程序，编制高校辅导员职业价值观问卷与高校辅导员工作幸福感问卷。

2. 运用所编制的高校辅导员职业价值观问卷与高校辅导员工作幸福感问卷，从全国的重点本科高校、普通本科高校、高职与专科学校抽取辅导员作为调查对象，对高校辅导员职业价值观与工作幸福感现状进行调查，采用 SPSS 统计软件对所收集的有效数据进行统计与分析。

3. 运用高校辅导员职业价值观与工作幸福感现状调查所获得的数据，对高校辅导员职业价值观与工作幸福感的相互关系进行考察。

4. 在对高校辅导员职业价值观与工作幸福感所进行的现状调查，对辅导员职业价值观与工作幸福感的相互关系进行考察的基础上，编制访谈提纲，以部分高校辅导员工作负责人和辅导员为访谈对象，探讨辅导员职业价值观培育与工作幸福感提升的具体路径。

第二节 核心概念的界定

一 高校辅导员

教育部于 2017 年 9 月发布的《普通高等学校辅导员队伍建设规定》对高校辅导员的界定为：高校辅导员是开展大学生思想政治教育

的骨干力量,是高等学校学生日常思想政治教育和管理工作的组织者、实施者、指导者(教育部,2017)。

二 职业价值观

职业价值观的上位概念是价值观。关于价值观的定义有很多,通常,价值观表达的是事物对于个体的重要性(陈莹、郑涌,2010)。美国学者克拉克洪(Kluckhohn,1951)把价值观界定为一种外显或内隐的,有关什么是"值得的"的看法,它对人们可能选择什么行为方式、手段和结果来生活会产生影响。洛克奇(Rokeach,1973)认为,价值观是指人们一般的信念,它具有动机功能,不仅是评价性的,还是规范性的和禁止性的,是人们行动和态度的指导。施瓦兹(Schwartz,2006)则认为,价值观是令人向往的某些状态、对象、目标或行为,它超越具体情境而存在,可作为在一系列行为方式中进行判断和选择的标准。国内学者许燕(1999)认为,价值观是人们对事物及行为的意义、效用的评定标准,是推动并指引人们决策和采取行动的核心因素。张进辅(2005)认为,价值观是人们以自身的需要为尺度对事物重要性进行认识的观念系统,对人的思想和行为具有导向或调节作用。黄希庭(2015)将价值观界定为人们用来区分好坏的标准并指导行为的多维度多层次的心理倾向系统。还有学者认为,从社会心理学的角度看,价值观是个体的选择倾向,也是个体态度、观念的深层结构,它主宰了个体对外部世界感知和反应的倾向(杨宜音、张曙光,2015)。

价值观是一个多层次多维度的结构系统(唐文清、张进辅,2008),因此,有学者按照价值观的组成要素,将价值观分为人生价值观、道德价值观、政治价值观、宗教价值观、职业价值观、人际价值观、婚恋价值观、自我价值观、审美价值观和幸福价值观10种类型(黄希庭、张进辅、李红等,1994)。

职业价值观作为价值观的重要组成部分,是人们对于职业活动所带来的价值的社会判断取向，有的人注重职业活动的过程，有的人注重职业活动的结果，有的人看重职业活动的环境等。人们的职业价值观不同，所选择的职业也就会有所差别（郑洁、阎力，2005）。对于职业价值观，国内外学者从不同角度提出了他们的定义。

国外学者伊莱泽（Elizur，1984）从工作结果的角度，认为职业价值观是个体感知某种工作结果的重要性程度。罗斯（Ros，1999）从终极状态和信念的角度，认为职业价值观是人们从某种职业中所能取得的终极状态或行为方式的信念。斯瓦兹（Schwartz，1999）则从报酬和工作目标的角度，认为职业价值观是指人们通过工作而取得的报酬或达到的目标，它是一般个体价值观在职业生活中的表现。

国内学者宁维卫（1996）认为，职业价值观是指人们衡量社会上各种职业的优势、意义和重要性的内心尺度。刘璐俐（1997）认为，职业价值观是人们选择工作时所遵从的观念，是指个人在发展过程中对职业生活的能力意愿及态度倾向，这种能力意愿及态度倾向形成一种动力系统，以支持或指导个人行为，它不仅对工作适应有很大的影响，也是一种自我实现的方式。凌文辁等（1999）从职业信念和职业态度的角度定义职业价值观，认为职业价值观是人们对待职业的信念和态度，是人们在职业生活中所表现出来的一种价值倾向，是价值观在职业选择上的体现。余华、黄希庭（2000）认为，职业价值观是人们衡量社会上某种职业的优劣和重要性的内心尺度，它是个人对待职业的一种信念，并为其职业选择、努力实现工作目标提供了充分理由。于海波、张大均等（2001）则认为，职业价值观是人们依据自身需要对待职业、职业行为和工作结果的比较稳定的、具有概括性和动力作用的一套信念系统，它是个体一般价值观在职业生活中的体现，不但决定了人们的择业倾向，而且决定了人们的工作态度。

综合上述观点，本书倾向于对职业价值观做如下界定：职业价值观是人们衡量社会上各种职业的优劣和重要性的内心尺度。

三 工作幸福感

人类的一切努力都是为了追求幸福，幸福感可以给人们带来一种积极情绪和能量（苗元江，2003）。社会学、心理学、经济学、管理学等领域有关幸福感的研究已经取得了非常丰硕的成果。但专门聚焦于工作情境的幸福感研究还相对较少。然而，工作是人们生活中独立于家庭之外的一个重要领域，它不仅是个体谋生的手段，而且是构建自身人际网络，维持和巩固社会地位以及实现个人价值的重要途径（Dagenais-Desmarais & Savoie, 2012）。

关于幸福感的定义，许多学者倾向于采用迪纳（Diener, 2000）的观点，将幸福感界定为"人们对生活的积极情感和认知评价"。因为这一定义侧重于人们内心的主观感受，所以又被称为主观幸福感。关于工作幸福感的界定，目前学术界尚未达成一致。

1987年，沃尔首次提出了工作幸福感的概念，认为工作幸福感是指员工对工作经历的整体质量评价（Warr, 1987）。国内学者王佳艺等（2006）认为，当主观幸福感这一概念被引入与工作相关的研究中时，主要是指员工对于工作的积极情感和认知评价。

近些年来，工作幸福感的概念不断发展。巴克和奥勒曼（Bakker & Oerlemans, 2011）将员工的工作幸福感界定为个体对其工作满意，并体验到更多的积极情绪、更少的消极情绪。国内有研究者认为，工作幸福感也可称为职业幸福感，是指员工对工作的满意程度以及在工作过程中所产生的积极和消极情感体验（周国韬、盖笑松，2012）。黄亮（2013）认为，工作幸福感是指个体在工作中从事与自身价值观相匹配的活动，努力追求自我完善并达到潜能充分实现的状态。邹琼、佐斌等（2015）将工作幸福感界定为个体工作目标和潜能充分实现的心理感受及愉悦体验，是一种需要组织和个人持久努力和投入的动态过程。孙健敏、李秀凤等（2016）在沃尔等学者的概念基础上，对工作幸福感做出如下界定：个体对自身当前所从事工作各方面的积极评价和情感体验，既包括物质性体验，也包括精神性体验，具有结果与过程并重，以及主观与客观相结合的特点。

综合上述国内外学者的观点，本书将工作幸福感界定为个体对于当前所从事工作的积极情感和认知评价。

第二章　高校辅导员职业价值观问卷编制

为了考察不同群体的职业价值观，国内外学者均编制了一些量表或问卷。由于文化背景和经济社会发展水平的差异，我们不宜照搬国外的相关量表或问卷来面向国内人群开展研究。自20世纪90年代初以来，国内不少学者针对职业价值观进行了研究，研究对象以大学生为主。比如金盛华和李雪（2005）将大学生的职业价值观分为"目的性职业价值观"和"手段性职业价值观"。其中，目的性职业价值观包含四个因素：家庭维护、地位追求、成就实现、社会促进；手段性职业价值观包含六个因素：轻松稳定、兴趣性格、规范道德、薪酬声望、职业前景、福利待遇。该研究所编制的"目的性职业价值观问卷"和"手段性职业价值观问卷"具有良好的信度和效度。但是，由于研究对象不同，考察高校辅导员的职业价值观可借鉴其研究方法，却不能直接使用以大学生为样本所编制的问卷。

国内有研究者对高校辅导员职业价值观进行了研究，并编制了辅导员职业价值观问卷或量表。其中一项研究所得出的高校辅导员职业价值观结构为社会贡献取向、物质保障取向、工作环境取向、个人生活取向、尊重与声誉取向、自我发展取向（潘登，2009）。另一项研究所编制的辅导员职业价值观量表包括七个维度：社会认可度、成就感、物质报酬、智力刺激（创新性）、人际关系、利他主义（奉献性)、安全感（马英，2017）。从因素分析、信度检验的结果来看，这两项研究的相关指标均有较大的提升空间。

我们遵循较为严格的心理测量学程序，编制了研究所需的高校辅导员职业价值观问卷。有研究者提到，在问卷维度的划分上存在着两种策略。一种策略是事先确定因素结构，然后进行分析、验证；另一种策略则是先采用开放式调查，对所得内容进行归纳，再结合因素分析确定结构，然后进行验证（毕重增，2009）。我们要考察高校辅导员的职业价值观，就需要了解对高校辅导员进行职业评价和选择的标准，因此我们采取了后一种策略，问卷的所有题目均来自对高校辅导员的访谈和调查。在整个问卷编制过程中，先后采用了结构化访谈、开放式问卷调查、封闭式问卷调查等方法。下面是高校辅导员职业价值观问卷编制的过程与结果。

第一节　高校辅导员职业价值观初测问卷的形成

一　高校辅导员职业价值观结构化访谈

结构化访谈是访谈过程相对标准化的一种访谈形式，对所有受访者提出的问题、提问的顺序和方式，以及对受访者回答的记录方式等均是统一的（罗伯特·格雷戈里，2013）。由于研究对象分布于全国各地高校中，研究采取了电话访谈的形式。以下是访谈题目、样本及结果。

（一）访谈题目

在访谈之前，事先拟定了访谈提纲，其中与高校辅导员职业价值观有关的问题是："你认为理想的职业应具备哪些特点或满足哪些条件？"

（二）访谈样本

访谈对象主要是通过各地高校的同行进行联系。选择访谈对象时考虑了高校类别、所在地域、辅导员性别与年龄等因素。接受访谈的高校辅导员共计20人，来自华中科技大学、中国石油大学、西南大学、山东师范大学、广东财经大学、河南理工大学、西华大学、山东轻工职业学院、四川中医药高等专科学校、四川职业技术学院等高校（具体分布情况见表2-1）。

表2-1　　　　　　　结构化访谈样本分布情况

性别/人数		年龄/人数		受教育程度/人数		婚姻状况/人数		工作年限/人数		高校类别/人数	
男	10人	30岁以下	6人	本科	3人	未婚	4人	5年以下	6人	重点本科院校	6人
女	10人	30—40岁	14人	硕士	15人	已婚	16人	5—10年	14人	普通本科院校	9人
				博士	2人					高职高专院校	5人

注：工作年限是指"从事辅导员工作的年限"。

（三）访谈结果

出于遵循保密原则的考虑，呈现访谈结果时隐去了受访者姓名和部分可识别受访者身份的信息，以F1、F2等符号代表不同的辅导员。另外，在不影响受访者所表达的原意的前提下，对访谈记录进行了适当的文字整理。以下是部分对于访谈问题比较具有代表性的回答：

F1：我觉得第一个可能是跟自己的兴趣有关的吧；第二个，那就是有比较好的一个工作环境吧，就是说这个职业是受到社会认可的，社会认可度比较高吧；第三个可能就是收入，因为我们生活的这个城市，压力很大，所以我觉得经济收入也应该作为一个考虑的标准。

（注：受访者来自普通本科院校，从事辅导员工作5年）

F2：对于理想的职业，第一个我选择稳定，稳定的职业是我觉得比较理想的职业；第二个可能应该是工资收入，是收入比较高的职业；第三个我认为是我所做的工作能够契合我的专业，能够学有所用；第四个就是地域，希望能够在离家比较近的地方工作，有对象的话，能够跟对象在一块儿，没有对象的话，至少是在家乡吧，不想在外地工作。这是我考虑的四个方面吧。

（注：受访者来自普通本科院校，从事辅导员工作1年）

F3：一个是自己的能力能够得到充分的发挥，这是必须具备的一点；再一个就是要满足基本的生活需要；在这个基础上还应该有进一步拓展的事业空间和个人发展的空间，提升的空间。

（注：受访者来自重点本科院校，从事辅导员工作8年）

F4：对我来说，理想的职业第一点是要有安全感，不能说我来了这个单位，没有什么发展，想把我怎么样就怎么样，要有职业安全感。第二点呢，应该有一个等效的回报吧，我付出了100%，本来可以得到80%，如果只给我50%的低效能回报的话，我觉得这个职业可能是很不幸福的。还有就是需要有合适的稳定收入，这不是一个很高的期望。对我来说，一个理想的职业还应该有一个长远的发展空间，缺乏长远的发展，这个职业是谈不上幸福的。再者，就是需要有一个很自由的、很充足的职业发展空间，加上前面说的三点，一共四点。刚开始说的安全感，也可以看成是稳定，不能今天有，明天无。给我充足的发展空间、稳定的安全感、合适的回报，可以充分地发展自己，我就会挺满意的。

（注：受访者来自重点本科院校，从事辅导员工作7年）

F5：我觉得理想的职业第一个应该是自己能够胜任；第二个就是在工作中心情能够比较愉悦；第三个就是在经济上能够满足自己的生活所需。理想的职业我个人觉得有这三个标准就差不多了。其他的暂时没有什么了。

（注：受访者来自高等专科学校，从事辅导员工作6年）

F6：理想的职业，第一个我认为它应该可以满足基本的生活需要，能够提供一些物质上的生活基础；第二个应该是有和家人相处的空间，和家人也好，和小孩也好，有一个相对完整的相处时间；第三个在工作的过程中能够实现自我。再有，如果在这个过程中能够引导别人，这种感觉也是非常好的。前三点还比较容易，第四点有点儿难，就是在工作中能够引导别人的思想。比如毕业的学生跟我说我对他影响很大，我觉得幸福感还是很强的，不过这种时候不是太多。

（注：受访者来自高等专科学校，从事辅导员工作7年）

F7：我认为是比较稳定，还有就是在职业环境当中，有自己的归属感、成就感，内心比较愉悦，应该有这样的一个工作环境。收入上也要满足基本的一些生活需求，不要感觉在需要用钱的时候舍不得花，基本上想买的一些东西在自己的能力范围内都能够买得起。现在我的小孩面临上幼儿园，我还希望我的工作环境能够为孩子上学提供便利条件，这样就更好了。

（注：受访者来自普通本科院校，从事辅导员工作4年）

F8：理想的职业第一个是应该可以满足你的生活需要，满足你家庭生活的需要，经济方面的需要；第二个是可以符合你自己的专业所长；第三个是你自己认为你的价值是不是与工作相符合，或者说是个人价值的实现。

（注：受访者来自普通本科院校，从事辅导员工作5年）

F9：我觉得一个就是社会的承认吧；作为老师能够得到学生的承认也非常重要；另外就是发展前景吧；还有一个很重要的就是工资收入；再就是能够得到别人的尊重，这也是这个职业很重要的一个方面。

（注：受访者来自重点本科院校，从事辅导员工作8年）

F10：理想的职业应该具备的条件，首先就是喜欢，就是热爱吧，有热情去做这件事情；就工作环境来说，应该有一个好的工作团队，你的同事要比较好，要有好的领导和平台，要有好的机会，比如一些培训什么的；当然还要有充足的物质保障，工资要能够满足生活所需；还应该有更多的发展机会，发展的空间要比较大。

（注：受访者来自重点本科院校，从事辅导员工作3年）

二　高校辅导员职业价值观开放式问卷调查

因为电话访谈较为费时费力，访谈者和受访者都需要投入更多的时间和精力，所以通常访谈的人数较为有限。为了获得更多的信息，在访谈的基础上，我们又面向不同高校辅导员进行了开放式问卷调查。调查题目、样本和结果如下。

（一）调查题目

这个环节的开放式调查与前述访谈的目的是一致的，因此调查题目与前述结构化访谈相同。

（二）调查样本

调查对象同样是通过各地高校的同行进行联系，并考虑了调查对象所属高校类别、所在地域、辅导员性别与年龄等因素。接受开放式问卷调查的高校辅导员共计69人，来自中国石油大学、西南大学、山东师范大学、山东理工大学、河南理工大学、重庆三峡学院、四川职业技术学院等高校（调查对象的具体分布情况见表2-2）。

表 2-2　　　　　　　开放式问卷调查样本分布情况

性别/人数	年龄/人数	受教育程度/人数	婚姻状况/人数	工作年限/人数	高校类别/人数
男 34人	30岁以下 30人	本科 4人	未婚 17人	5年以下 34人	重点本科 20人
女 35人	30—40岁 38人	硕士 65人	已婚 51人	5—10年 32人	普通本科 44人
	40岁以上 1人		未填 1人	10年以上 3人	高职高专 5人

注：工作年限是指"从事辅导员工作的年限"。

（三）调查结果

同样，出于遵循保密原则的考虑，在呈现调查结果时隐去了可识别调查对象身份的信息，如以 F11、F12 等符号代表不同的辅导员。在不影响调查对象所表达的原意的前提下，对调查结果进行了适当的文字整理。以下是部分对于"理想的职业应具备哪些特点或满足哪些条件"这一开放式问题比较具有代表性的回答。

F11：能实现个人价值需求，具体表现在有兴趣、有发展空间、被认可、付出与收入成正比上。

F12：工作中关系和谐，快乐，有发展空间，待遇还可以。

F13：较高的收入，比较完善的保障，包括医疗、保险、住房基金、产假等；成就感强，与自身的特点和优势、爱好能够很好地匹配，自己对职业充满热情，并且能够越来越胜任，最终能有自己工作的一套方法和创新；受社会尊敬，所从事的职业能够受到社会上多数人的肯定和尊敬。

F14：与自己的专业对口；工作起来顺心，工作环境和同事关系不错；收入回报与工作投入成正比；有科学、透明、合理的晋升空间；工作内容与取得的成果有价值感。

F15：价值存在感高，受体制约束少，规范明了，社会地位高。

F16：带来快乐，促进成长。

F17：具有成就感，有一定的挑战性，压力不要过大，充满活力。

F18：依托于自己所学的专业，在此基础上能够拥有满足日常开销的收入。简单点说，就是从事自己喜欢的事情，并且能够用它谋生。

F19：具有竞争性，有竞争才有进步；具备发展性，有发展才有希望。

F20：首先是可以锻炼磨砺个人的品行，让参与其中的个体能最大限度地发挥他所具备的潜能；再就是工作量、工作强度适中，有固定的上下班时间，比如教师职业就比较好，每年有定期的寒暑假休息时间；与工作相匹配的薪金报酬这个也比较重要。至于其他方面就是仁者见仁智者见智了。

F21：适中的工作压力；稳定合理的报酬；情感付出能得到相应的回报。

F22：工作环境好，人际关系单纯；评价考核机制科学、客观；有较高的收入；培训交流机制健全。

F23：具有发展性，可持续性，富有挑战。

F24：自己感兴趣，想要去做；发展前景好，个人能够有一定的提升和发展空间；竞争压力相对适中，个人能够承受；与所学专业能够有一定的关联，学以致用。

F25：应该具备个人发展的空间和舞台；具备人性化的工作环境；能够为每个层次的人提供对外学习交流的机会，而不是整天闭门造车。

F26：第一，能够实现个人价值，在职业生涯中能够提高完善自己；第二，应该能够建立良好的人际关系；第三，具有一定程度的社会认可度，享有一定的社会地位；第四，理想的职业应该具备让个体为之努力和上进的原动力。

F27：人际关系简单；受人尊重的行业；不是纯粹为了收入、利益而工作；工作不千篇一律，允许个人创新工作方式方法。

F28：理想的职业首先应该是自己喜爱并且愿意将其作为终身事业的，同时在工作过程中应当能够体现出自身真正的价值，找到归属感与成就感。

F29：切合自己的兴趣点；薪酬稳定；有畅通的晋升渠道。

F30：有一定的自由度；有施展自己想法的空间。

F31：理想的职业，应该是与自己的兴趣、爱好一致或相近的职业，只有这样，你才能快乐地工作，才能在工作中体验到快乐，才能爱岗敬业。

F32：有好的发展前途；有较多的学习培训机会；喜欢这份工作，从事这份工作有幸福感；有良好的工作环境和同事关系；能够发挥自己的优势和特长。

F33：具有较高的社会价值，使从业者有长期、持续的内在动力；具有清晰的职业发展规划，使从业者有明确的奋斗目标；具有良好的薪酬待遇与社会认同；能够有效避免从业者职业倦怠问题。

F34：让人充满激情和动力，让人对未来充满希望，让人具有幸福感，可以有助于家庭幸福，让人快乐，可以帮助实现心中的理想。

F35：能发挥特长和潜力，有明确的晋升途径，有融洽的团队。

F36：有与受教育程度、工作量、责任大小、社会地位等相符的收入，收入和职位都有较大的上升空间，具有良好的工作环境和氛围。

F37：具有良好的职业形象，有较高的收入。

F38：给人以成就感、幸福感，能够使自己处在不断学习、进步的氛围中，同事关系融洽，工作环境好，收入可观，自己喜欢。

F39：有意义，对社会、对人有帮助，能够实现自己的价值。

F40：能实现自我价值，与自我发展目标相吻合，能在工作中体会到成就感和快乐。

三 高校辅导员职业价值观初测问卷形成

（一）高校辅导员职业价值观初始问卷条目

对于有关高校辅导员职业价值观的结构化访谈和开放式问卷调查结果，先由课题负责人根据回答内容进行归类整理，然后与课题组核心成员共同讨论，得到被重复提及的表述要点及其频次（见表2-3）。

表2-3　职业价值观结构化访谈与开放式调查所得表述要点

表述要点	频次	表述要点	频次	表述要点	频次
薪资待遇	54	工作压力	10	相对自由	4
工作乐趣	38	考核机制	9	能够胜任	3
发展前景	33	晋升空间	8	情感回报	3
价值实现	24	相对稳定	8	创新空间	3
社会地位	18	社会贡献	8	富有挑战	3
工作环境	17	激发活力	8	工作地域	2
工作氛围	14	专业对口	7	家庭幸福	2
工作成就	13	促进成长	6	实现理想	2
人际关系	11	培训机制	6	价值认同	2

以结构化访谈和开放式问卷调查所得表述要点及其频次作为高校辅导员职业价值观的事实依据，分别找出结构化访谈与开放式问卷调查中所出现的代表辅导员主导职业价值观的陈述性语句，由这些语句构成高校辅导员职业价值观初始问卷条目，总共47条，覆盖了表2-3所示的职业价值观要点。47条具体表述见该书附录1。

（二）高校辅导员职业价值观问卷初测样本

在调查取样时采取分层抽样与方便取样相结合的原则，同样通过各地高校的同行联系调查对象，考虑了调查对象所属高校类别、所在地域等因素。多数高校辅导员是通过问卷星在线调查平台答题，少数高校辅导员是由当地同行在辅导员培训班上发放纸质版问卷并回收。初测问卷的调查对象主要来自中国政法大学、山东大学（威海分校）、中国地质大学（武汉）、西南交通大学、河南大学、山东理工大学、聊城大学、江苏理工学院、齐鲁师范学院、攀枝花学院、淄博师范专科学校、苏州工业园区职业技术学院、日照职业技术学院、四川雅安职业技术学院、四川中医药高等专科学校15所高校，有效样本共计282份（调查对象具体分布情况见表2-4）。

表2-4　　高校辅导员职业价值观问卷初测样本分布情况（人数及百分比）

性别		年龄		受教育程度		婚姻状况		工作年限		高校类别	
男	118 41.8%	<25岁	38 13.5%	大专	7 2.5%	未婚	169 59.9%	<5年	165 58.5%	高职高专	39 13.8%
女	164 58.2%	25—34岁	191 67.7%	本科	59 20.9%	已婚	113 40.1%	5—9年	88 31.2%	普通本科	152 53.9%
		35—44岁	48 17.0%	硕士	208 73.8%			>10年	29 10.3%	重点本科	91 32.3%
		>45岁	5 1.8%	博士	8 2.8%						

注：工作年限是指"从事辅导员工作的年限"。

（三）高校辅导员职业价值观初测问卷项目分析

1. 问卷条目区分度分析

区分度分析的具体方法是：分别求出每个调查对象的问卷总分并排序，然后取前27%作为高分组，后27%作为低分组，对高分组和低分组在各题项上的得分进行独立样本t检验，以检测高分组和低分组各题项平均分的差异情况。如果差异显著，则表明题项可以对不同调查对象进行区分,题项应该保留。反之,就应考虑删除或修改题项,使问卷的质量得以提高(吴明隆,2010)。

我们采用 SPSS 23.0 统计软件对数据进行了分析处理。对高校辅导员职业价值观初测问卷条目区分度的分析结果如表 2-5 所示。

表 2-5 高校辅导员职业价值观初测问卷条目区分度分析结果(M±SD)

职业价值观条目	高分组 均值	高分组 标准差	低分组 均值	低分组 标准差	t 值	P 值
1. 具有较好的个人发展空间	4.90	0.34	4.00	0.92	8.26	<0.001
2. 舒适的工作环境	4.78	0.50	3.63	1.02	9.11	<0.001
3. 经济收入较高	4.77	0.43	3.59	1.08	9.08	<0.001
4. 在社会上受到人们的尊重	4.90	0.34	3.54	0.94	12.28	<0.001
5. 和谐的工作氛围	4.96	0.19	3.99	0.96	9.01	<0.001
6. 工作压力适中	4.73	0.61	3.49	0.92	10.03	<0.001
7. 与自己所学专业有一定关联	4.22	0.88	3.00	0.94	8.56	<0.001
8. 有较多假期	4.44	0.74	3.20	1.10	8.46	<0.001
9. 福利待遇较好	4.80	0.43	3.46	1.14	9.93	<0.001
10. 领导具有亲和力	4.85	0.39	3.69	0.96	10.10	<0.001
11. 能够发挥自己的优势和特长	4.86	0.38	3.62	0.92	11.32	<0.001
12. 有良好的归属感	4.95	0.22	3.95	0.91	12.46	<0.001
13. 工作过程中权责明确	4.91	0.28	3.57	0.89	12.92	<0.001
14. 能挖掘个人潜力	4.93	0.26	3.60	0.89	12.73	<0.001
15. 与个人的奋斗目标一致	4.88	0.37	3.47	0.95	12.44	<0.001
16. 自己能够胜任	4.89	0.35	3.69	0.79	12.52	<0.001
17. 培训交流机制健全	4.89	0.32	3.33	0.92	14.36	<0.001
18. 有明确的晋升途径	4.88	0.43	3.47	1.05	11.17	<0.001
19. 能促进自己各方面的进步	4.90	0.30	3.72	0.90	11.27	<0.001
20. 考核与奖励机制科学规范	4.93	0.31	3.53	0.95	12.58	<0.001
21. 单位前景乐观	4.91	0.32	3.64	0.91	11.82	<0.001

续表

职业价值观条目	高分组 均值	高分组 标准差	低分组 均值	低分组 标准差	t值	P值
22. 上下班时间规律	4.70	0.56	3.30	1.02	10.91	<0.001
23. 有稳定的经济收入	4.82	0.44	3.69	0.98	9.12	<0.001
24. 工作单位在较好的城市	4.52	0.78	2.95	0.91	11.82	<0.001
25. 具有较高的社会认可度	4.93	0.26	3.47	0.88	14.25	<0.001
26. 工作有价值感	4.98	0.16	3.62	0.92	13.15	<0.001
27. 个人兴趣爱好与职业发展密切相关	4.78	0.48	3.30	0.82	13.94	<0.001
28. 薪酬制度科学合理	4.96	0.19	3.57	0.95	12.99	<0.001
29. 有施展自己想法的空间	4.90	0.30	3.42	0.86	14.58	<0.001
30. 与自己的世界观及人生观、价值观相契合	4.85	0.39	3.54	0.87	12.39	<0.001
31. 工作时间能够灵活一些	4.78	0.50	3.25	0.96	12.64	<0.001
32. 收入回报与工作投入成正比	4.94	0.37	3.51	0.99	12.22	<0.001
33. 管理不能过严	4.45	0.78	3.11	0.91	10.05	<0.001
34. 让人充满激情和动力	4.89	0.35	3.53	0.93	12.30	<0.001
35. 有一定业余时间满足个人爱好	4.84	0.40	3.41	0.85	13.73	<0.001
36. 社会地位比较高	4.79	0.44	3.11	0.83	16.05	<0.001
37. 不是纯粹为了收入、利益而工作	4.76	0.51	3.40	0.79	13.12	<0.001
38. 职业要求与个人性格特征较一致	4.75	0.52	3.40	0.74	13.54	<0.001
39. 能使人从中得到快乐	4.86	0.35	3.58	0.84	12.80	<0.001
40. 工作具有稳定性	4.86	0.38	3.67	0.85	11.56	<0.001
41. 有和家人相处的时间	4.96	0.19	3.84	0.86	11.50	<0.001
42. 对他人有帮助	4.94	0.24	3.72	0.79	13.25	<0.001
43. 能为社会发展做出一定贡献	4.89	0.35	3.70	0.81	12.03	<0.001
44. 工作能有成就感	4.94	0.24	3.72	0.88	12.01	<0.001

续表

职业价值观条目	高分组 均值	高分组 标准差	低分组 均值	低分组 标准差	t值	P值
45. 有比较完善的养老、医疗等保障	4.98	0.16	3.85	0.94	10.65	<0.001
46. 让人具有幸福感	4.96	0.19	3.85	0.90	10.81	<0.001
47. 能有效避免从业者的职业倦怠	4.94	0.24	3.52	0.94	13.20	<0.001

由表 2-5 可见，问卷条目区分度分析结果显示，高分组和低分组在各题项上的平均分差异非常显著，表明高校辅导员职业价值观初测问卷中的各题项具有很高的区分度。

2. 题项得分与问卷总分的相关分析

除了考察问卷条目区分度外，还可以采用同质性检验作为题项筛选的指标。如果题项与总分之间的相关系数越高，表明题项与问卷总体的同质性越高。如果题项与总分的相关系数未达到显著水平，或两者之间为低度相关（相关系数小于0.4），就表明题项与问卷总体的同质性不高，需要删除（吴明隆，2010）。对高校辅导员职业价值观初测问卷各题项得分与问卷总分的相关性分析结果见表2-6。

表2-6　高校辅导员职业价值观初测问卷题项得分与问卷总分相关性分析结果

职业价值观条目	r	职业价值观条目	r
1. 具有较好的个人发展空间	0.506**	25. 具有较高的社会认可度	0.719**
2. 舒适的工作环境	0.561**	26. 工作有价值感	0.715**
3. 经济收入较高	0.568**	27. 个人兴趣爱好与职业发展密切相关	0.737**
4. 在社会上受到人们的尊重	0.678**	28. 薪酬制度科学合理	0.722**
5. 和谐的工作氛围	0.603**	29. 有施展自己想法的空间	0.745**

续表

职业价值观条目	r	职业价值观条目	r
6. 工作压力适中	0.617**	30. 与自己的世界观及人生观、价值观相契合	0.691**
7. 与自己所学专业有一定关联	0.485**	31. 工作时间能够灵活一些	0.706**
8. 有较多假期	0.503**	32. 收入回报与工作投入成正比	0.705**
9. 福利待遇较好	0.593**	33. 管理不能过严	0.563**
10. 领导具有亲和力	0.620**	34. 让人充满激情和动力	0.688**
11. 能够发挥自己的优势和特长	0.651**	35. 有一定业余时间满足个人爱好	0.726**
12. 有良好的归属感	0.696**	36. 社会地位比较高	0.769**
13. 工作过程中权责明确	0.695**	37. 不是纯粹为了收入、利益而工作	0.701**
14. 能挖掘个人潜力	0.704**	38. 职业要求与个人性格特征较一致	0.721**
15. 与个人的奋斗目标一致	0.703**	39. 能使人从中得到快乐	0.694**
16. 自己能够胜任	0.709**	40. 工作具有稳定性	0.632**
17. 培训交流机制健全	0.727**	41. 有和家人相处的时间	0.654**
18. 有明确的晋升途径	0.670**	42. 对他人有帮助	0.701**
19. 能促进自己各方面的进步	0.648**	43. 能为社会发展做出一定贡献	0.677**
20. 考核与奖励机制科学规范	0.694**	44. 工作能有成就感	0.690**
21. 单位前景乐观	0.697**	45. 有比较完善的养老、医疗等保障	0.647**
22. 上下班时间规律	0.632**	46. 让人具有幸福感	0.651**
23. 有稳定的经济收入	0.640**	47. 能有效避免从业者的职业倦怠	0.702**
24. 工作单位在较好的城市	0.648**		

注：r 为相关系数，** 表示 $P<0.01$。

表2-6显示，高校辅导员职业价值观初测问卷所有题项的得分均与问卷总分显著相关，表明各题项与问卷总体具有较高的同质性。

（四）高校辅导员职业价值观初测问卷因素分析

为了初步探索高校辅导员职业价值观的结构，我们利用问卷初测数据进行了探索性因素分析。综合考虑特征值（大于1）、因素分析碎石图、因素负荷（大于0.40）等指标，删除了8个题项，得到包含39个条目的高校辅导员职业价值观问卷。因素分析结果表明，高校辅导员职业价值观由4个因素构成。

第二节 高校辅导员职业价值观正式问卷的确定

一 高校辅导员职业价值观正式问卷施测样本

采用经过初步因素分析所得到的包含39个条目的高校辅导员职业价值观问卷，面向全国高校进行抽样调查。调查对象主要来自华中科技大学、中国石油大学、重庆大学、郑州大学、中山大学珠海校区、山东理工大学、广东财经大学、浙江师范大学、青岛农业大学、临沂大学、河南理工大学、四川师范大学、重庆邮电大学、山东滨州学院、重庆文理学院、潍坊职业学院、威海职业学院17所高校。正式问卷调查有效样本共计342人，调查对象具体分布情况如表2-7所示。

表2-7 高校辅导员职业价值观正式问卷调查样本分布情况（人数及百分比）

性别		年龄		受教育程度		婚姻状况		工作年限		高校类别	
男	144 42.1%	<25岁	24 7.0%	大专	1 0.3%	未婚	94 27.5%	<5年	187 54.7%	高职高专	46 13.5%
女	198 57.9%	25—34岁	223 65.2%	本科	41 12.0%	已婚	248 72.5%	5—9年	81 23.7%	普通本科	202 59.1%
		35—44岁	86 25.1%	硕士	288 84.2%			>10年	74 21.6%	重点本科	94 27.5%
		>45岁	9 2.6%	博士	12 3.5%						

注：工作年限是指"从事辅导员工作的年限"。

二　高校辅导员职业价值观正式问卷研究程序

（一）问卷发放

采取分层抽样与方便取样相结合的原则，通过各地高校的同行联系调查对象，考虑调查对象所属高校类别、所在地域等因素。通过问卷星在线调查平台发布问卷，所有配合调查的高校辅导员均通过该网络平台在线答题。

（二）数据处理

采用统计软件 SPSS 23.0 和 Amos 23.0 对调查所得数据进行分析与处理。将 342 份有效问卷按编号分为两部分，其中 171 份奇数编号问卷用于探索性因素分析，进一步探索高校辅导员职业价值观的结构；另外 171 份偶数编号问卷用于验证性因素分析，以检验高校辅导员职业价值观问卷的结构效度。

三　高校辅导员职业价值观正式问卷探索性因素分析

首先，采用 KMO 检验和 Bartlett 球形检验对取样适当性进行考察，检验数据是否适合进行因素分析。其中，取样适当性指标 KMO 值越接近 1 越好，通常认为，KMO 值在 0.9 以上为"极好"，0.8 以上为"较好"，0.7 以上为"一般"，0.5 以下则不可接受。而 Bartlett 球形检验的显著性水平至少要小于 0.05（黄希庭、张志杰，2005）。在这一环节的高校辅导员职业价值观研究中，取样适当性指标 KMO 值为 0.932，Bartlett 球形检验的 χ^2 值为 3464.273，$df = 253$，$P < 0.001$，说明高校辅导员职业价值观问卷各题项之间有共享因素的可能，数据非常适合进行因素分析。

接下来对高校辅导员职业价值观问卷中的 39 个题项进行探索性因素分析。采用主成分分析、快速斜交旋转 Promax 法提取因素。因素提取标准为：特征值大于 1；结合碎石图确定因素数目；每个题项只在一个因素上有负荷；题项在因素上的负荷大小要在 0.4 以上；每个因素所包括的题项数在3个以上。题项删除原则为：每次只删除一个题项，即进行新的因素分析，逐个删除题项，直到出现最佳因素结构为止；在删除题项过程中，首先删除组成不稳定结构公因子的题项，删除时从因素载荷较大的题项开始；其次删除因素载荷较小的题项，删除时从因素载荷最小的题项开始，直到所有的因素载荷均达到0.4以上；再次删除同时在两个公因子上载荷超过0.4的题项；最后考察各公因子是否能合理解释其所包括的题项，删除那些无法进行合理解释的题项。

经过多次探索，最终获得4个因素，23个条目，累计解释总方差为73.39%。因素分析的主要结果见图2-1和表2-8。

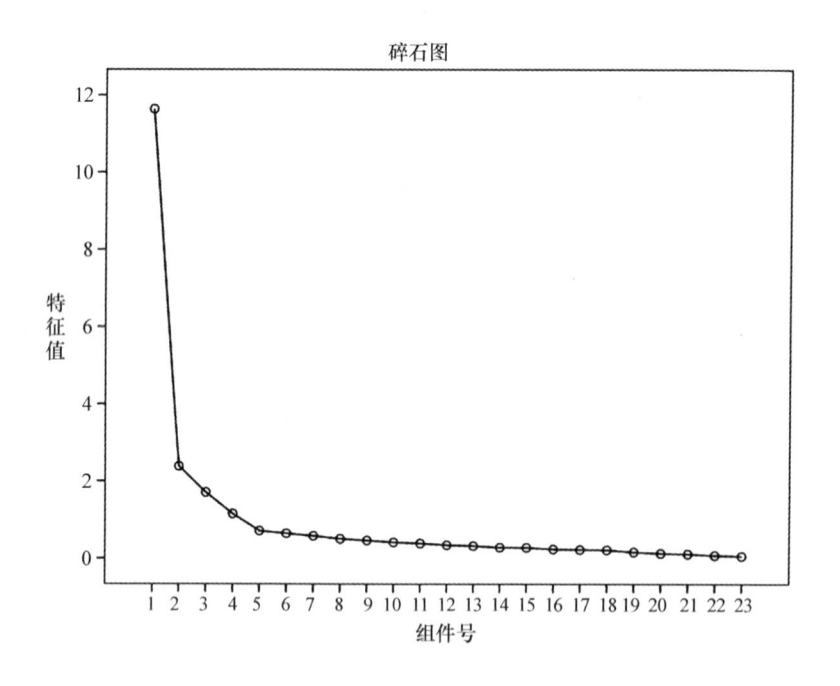

图2-1 高校辅导员职业价值观问卷探索性因素分析碎石图

表2-8　高校辅导员职业价值观问卷因素分析摘要

题项	因素1	因素2	因素3	因素4	共同度
3. 能挖掘个人潜力	0.944				0.780
5. 能促进自己各方面的进步	0.864				0.762
2. 工作有价值感	0.857				0.775
4. 与个人的奋斗目标一致	0.845				0.796
1. 能够发挥自己的优势和特长	0.832				0.735
10. 与自己的世界观、人生观、价值观相契合	0.748				0.656
8. 有施展自己想法的空间	0.733				0.734
6. 个人兴趣爱好与职业发展密切相关	0.669				0.630
23. 能使人从中得到快乐	0.557				0.730
36. 薪酬制度科学合理		0.926			0.828
37. 收入回报与工作投入成正比		0.897			0.848
38. 有明确的晋升途径		0.877			0.860
35. 福利待遇较好		0.819			0.890
39. 单位前景乐观		0.815			0.732
34. 经济收入较高		0.804			0.864
18. 能为社会发展做出一定贡献			0.857		0.802
19. 工作具有稳定性			0.832		0.679
17. 对他人有帮助			0.807		0.739
7. 自己能够胜任			0.554		0.564
28. 管理不能过严				0.786	0.661
32. 工作单位在较好的城市				0.734	0.575
33. 工作时间能够灵活一些				0.676	0.688
29. 有较多假期				0.520	0.551
特征值	11.638	2.384	1.708	1.150	
贡献率（%）	50.601	10.363	7.425	5.002	73.391

根据各因素所包含题项的意义对所得4个因素命名，命名时综合考虑载荷量最大的题项以及多数题项的含义。第一个因素包含9个题项，主要内容涉及高校辅导员潜力挖掘、个人进步、奋斗目标、优势发挥、施展空间、工作乐趣等，将其命名为"能力发挥"。第二个因素包含6个题项，主要内容涉及薪酬制度、工作回报、晋升路径、福利待遇、单位前景、经济收入等，将其命名为"薪资待遇"。第三个因素包含4个题项，主要内容包括社会贡献、帮助他人、能够胜任等，将其命名为"社会价值"。第四个因素包含4个题项，主要内容涉及单位管理状况、工作地域、工作时间、休假情况，将其命名为"工作环境"。

通过上述研究可以认为，高校辅导员职业价值观的结构是由能力发挥、薪资待遇、社会价值、工作环境四个因素构成的。从探索性因素分析的结果来看，这四个因素的题项分布较为合理，而且每个题项在相应因素上的载荷均比较高。这四个因素累计解释了73.391%的变异，这个解释量也是比较高的。因此本书所编制的高校辅导员职业价值观问卷的结构和内容是可以接受的。

四 高校辅导员职业价值观正式问卷验证性因素分析

为了进一步检验本书所得高校辅导员职业价值观问卷的结构是否理想，以调查回收的171份偶数编号问卷作为数据来源，运用Amos 23.0软件进行验证性因素分析。验证性因素分析是用结构方程模型来评估所要检验的模型对数据的拟合程度（迪米特洛夫，2015）。我们采用极大似然估计法对模型进行拟合估计。考察拟合程度比较常用的指标有χ^2/df、CFI、TLI、RMSEA、NFI、IFI等。拟合度比较好的模型应该具有以下特点：（1）$\chi^2/df \leq 5$；（2）RMSEA<0.1；（3）CFI、TLI、NFI、IFI接近于1（荣泰生，2009）。本书中各主要拟合指标如表2-9所示。

第二章　高校辅导员职业价值观问卷编制

表2-9　高校辅导员职业价值观问卷验证性因素分析主要拟合指标

χ^2	df	χ^2/df	CFI	TLI	RMSEA	NFI	IFI
450.707	222	2.030	0.926	0.916	0.078	0.865	0.927

由表2-9可见，研究模型的主要拟合指标均达到了推荐标准，模型对数据的拟合度较好，表明高校辅导员职业价值观问卷具有较好的结构效度。高校辅导员职业价值观问卷的因素结构见图2-2。

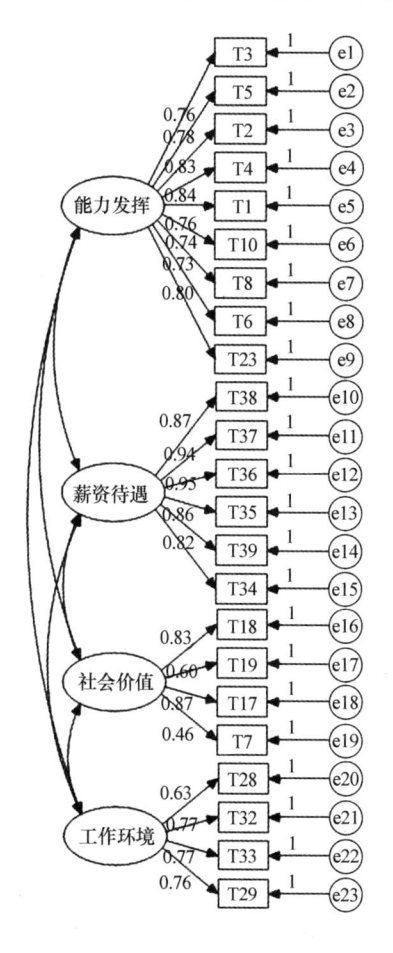

图2-2　高校辅导员职业价值观问卷因素结构

第三节　高校辅导员职业价值观正式问卷的信度与效度检验

一　高校辅导员职业价值观正式问卷的信度检验

量表或问卷的信度也叫可靠性，是指问卷测试结果的可信程度。量表或问卷的信度越高，表明测量结果越可靠（张志杰，2012）。有研究者认为，反映问卷内部一致性的信度系数 α 是量表或问卷质量最重要的指标之一（德维利斯，2010）。因此，我们采用克隆巴赫 α 系数作为信度指标，对高校辅导员职业价值观问卷进行信度检验。问卷总体和四个维度的内部一致性系数见表 2-10。

表 2-10　　高校辅导员职业价值观问卷内部一致性系数

信度指标	能力发挥	薪资待遇	社会价值	工作环境	总体
克隆巴赫 α 系数	0.942	0.955	0.810	0.791	0.975

对于 α 系数的可接受值，不同研究者的观点有所不同。德维利斯认为，对于研究用量表或问卷，若 α 系数值低于 0.60，则不能接受；0.60—0.65，不够好；0.65—0.70，是最低可接受程度；0.70—0.80，较好；0.80—0.90，非常好（德维利斯，2010）。从表 2-10 可以看出，高校辅导员职业价值观问卷总体和四个维度的克隆巴赫 α 系数在 0.791—0.975，表明该问卷具有良好的信度。

二　高校辅导员职业价值观正式问卷的效度检验

量表或问卷的效度是指测试所得到的分数是否反映了想要考察的特征及其程度（张志杰，2012），是检验问卷有效性的指标。我们采用内容效度和结构效度两个指标来对问卷的效度进行评估。

（一）内容效度

我们所编制的高校辅导员职业价值观问卷，题项来源于对高校辅导员的结构化访谈和开放式问卷调查，初测问卷经过了课题组成员多次讨论和修改。在正式问卷形成的过程中，先进行了一次小范围的试测，以确保问卷的条目能较好地反映高校辅导员的职业价值观。严谨的问卷编制程序保证了问卷具有较高的内容效度。

（二）结构效度

结构效度被看作最重要的一种效度（麦金太尔等，2009）。检验结构效度的方法之一是考察各维度与问卷总分的相关系数以及各维度之间的相关性。通常，各个维度与总分之间的相关系数应达到显著水平，表明各因素较好地反映了问卷所要考察的内容。各个维度之间应该具有中等程度的相关性。如果相关性太高，说明维度之间有重合，有的维度可能没有必要。如果各维度之间相关性太低，则说明有的维度反映的是与问卷总体不相关的内容。

高校辅导员职业价值观问卷四个维度与问卷总分的相关系数及各维度之间的相关性如表2-11所示。

表2-11　高校辅导员职业价值观问卷各维度间相关性及维度与问卷总体的相关系数

	能力发挥	薪资待遇	社会价值	工作环境	问卷总体
能力发挥	1				
薪资待遇	0.656**	1			
社会价值	0.619**	0.369**	1		
工作环境	0.504**	0.617**	0.476**	1	
问卷总体	0.897**	0.867**	0.661**	0.709**	1

注：** 表示 $P<0.01$。

由表2-11可见，高校辅导员职业价值观问卷四个维度与问卷总体的相关性均达到显著水平,较好地反映了问卷所要考察的内容。各个维度之间的相关性属于中等水平,表明各因素之间具有一定的独立性。

同时,前面报告的验证性因素分析结果也表明,我们所编制的高校辅导员职业价值观问卷具有良好的结构效度。

从高校辅导员职业价值观正式问卷信度与效度检验的结果来看,我们所编制的高校辅导员职业价值观问卷具有良好的信度与效度,可作为后续考察高校辅导员职业价值观现状的测评工具。

第四节 关于高校辅导员职业价值观结构的讨论

对于职业价值观结构的探讨是研究者所关注的重点之一。由于研究对象、方法、角度等不同,研究者对职业价值观结构的划分表现出多样性(杨静、张进辅,2004)。

国内有关职业价值观的研究,以大学生为研究对象的最多,所得出的大学生职业价值观结构从三个因素到十个因素不等。比如,凌文辁、方俐洛等(1999)将大学生职业价值观的结构划分为声望地位因素、保健因素和发展因素三个方面。王垒、马洪波和姚翔(2003)通过研究,将大学生职业价值观的结构分为工作报酬与环境、个人成长与发展、组织文化与管理方式、社会地位与企业发展四个维度。而陈浩、李天然和马华维(2012)对全国30所高校5000多名大学生进行了问卷调查,发现大学生的职业价值观结构是由才能发挥、自我实现、社会地位与声望、工作环境与福利保障四个因素构成的。辛增友、郑涌、徐华春等(2008)对包括大学生在内的青年进行了职业价值观调查,发现其职业价值观包括六个维度:工作保障取向、贡献及集体主义取向、自我发展取向、家庭取向、尊重及声望取向、社会关系取向。于海波、张大均、张进辅(2001)以高校师生为研究对象,所得出的职业价值观结构包含愉悦、自我提高、人际关系、家族、贡献、威望、物质和环境八个维度。金盛华、李雪（2005）通过研究得出大学生的职业价值观包括十个因素，其中的家庭维护、地位追求、成就实现、社会促进四个因素属于目的性职业价值观，轻松稳定、兴趣性格、规范道德、薪酬声望、职业前景、福利待遇六个因素属于手段性职业价值观。

而目前所见有关职业价值观结构的研究，划分因素最多的是美国学者休珀（Super，1962）的研究结果，得出职业价值观包含15个维度：利他主义、对美的追求、创造力、智力的刺激、成就感、独立性、威望、管理权力、经济报酬、安全感、工作环境、与上司的关系、与同事的关系、生活方式、变异性。

上述研究成果得出的职业价值观所包含的因素，既有共同之处，也存在着一些差异。其共同之处反映了不同文化背景、不同时代、不同群体对于职业均有一些共同的追求，其不同之处则可能与研究方法与程序不同、对职业价值观的界定不同、研究对象所处时代不同、研究对象的样本构成不同等因素有关。但这些研究成果对于研究高校辅导员的职业价值观均有一定的参考价值。

国内对高校辅导员职业价值观结构进行较为严谨的实证研究的成果相对较少。前文提到的国内学者潘登（2009）研究得出，高校辅导员职业价值观包含六个因素：社会贡献取向、物质保障取向、工作环境取向、个人生活取向、尊重与声誉取向、自我发展取向。马英（2017）研究得出高校辅导员职业价值观包括七个维度：社会认可度、成就感、物质报酬、智力刺激（创新性）、人际关系、利他主义（奉献性）、安全感。由于研究对象均为高校辅导员，这两项研究所得出的职业价值观结构有着更多的共同之处。尽管这两项研究所编制的问卷或量表的信度及效度指标均有较大的提升空间，但其研究结果不同程度地反映了高校辅导员在评价职业时所看重的方面。我们得出高校辅导员职业价值观的结构是由能力发挥、薪资待遇、社会价值、工作环境四个因素构成的，与这两项研究所得出的高校辅导员职业价值观结构有所不同。由于我们采用的不是根据文献和经验事先确定因素结构，然后进行分析验证的问卷编制策略，而是先面向高校辅导员进行结构化访谈和开放式问卷调查，对所得回答进行归纳，再通过探索性因素分析来确定结构，然后进行验证，因此我们关于高校辅导员职业价值观的问卷条目全部来自辅导员群体，而不是来自国内或国外文献中并非面向辅导员的职业价值观问卷或量表，由此可以认为，我们所得出的高校辅导员职业价值观结构更为符合辅导员的实际。采用我们所编制的高校辅导员职业价值观问卷面向辅导员进行调查，可以更好地反映当前高校辅导员的职业价值观现状。

第三章　高校辅导员工作幸福感问卷编制

　　国内外学者均编制了一些面向不同职业群体进行工作幸福感调查的量表或问卷，有学者指出，在研究中国人的心理和行为时不能盲目套用其他国家尤其是西方国家的现成概念、方法和理论，而应基于我国的社会与文化背景，创造性地进行概念分析、方法设计和理论构建，从而得出符合客观实际的结论（黄希庭，2007）。我们要考察我国高校辅导员的工作幸福感，显然不能照搬国外的相关量表或问卷。

　　近年来，国内有一些学者针对企业员工的工作幸福感开展研究，考察了企业员工工作幸福感的结构，并编制了调查问卷。比如，有研究发现，IT企业员工的工作幸福感结构包括五个方面的内容：薪酬满意、人际关系和谐、自我实现、工作自由度、发展空间（李淑含，2009）。而另一项研究得出的结论为，我国企业员工工作幸福感是由情绪幸福感、认知幸福感、职业幸福感和社会幸福感四个维度构成的。其中，情绪幸福感包括积极情绪体验和消极情绪体验，职业幸福感包括工作胜任感、工作抱负和工作认可感（黄亮，2014）。可见，即使是面对同一类研究对象，由于概念界定、研究视角、研究方法等不同，结果也会有较大差异。这些研究所编制的问卷对于考察高校辅导员工作幸福感的结构有一定的参考价值，但为了更加准确地把握我国高校辅导员的工作幸福感现状,我们需要遵循心理测量学程序,编制具有较高质量的高校辅导员工作幸福感问卷。与编制高校辅导员职业价值观问卷的程序相同,高校辅导员工作幸福感问卷的编制同样采用了结构化访谈、开放式问卷调查、封闭式问卷调查等方法。下面是高校辅导员工作幸福感问卷的编制过程与结果。

第一节 高校辅导员工作幸福感初测问卷的形成

一 高校辅导员工作幸福感结构化访谈

关于高校辅导员工作幸福感的结构化访谈,同样采取了电话访谈的形式。

(一)访谈题目

访谈提纲中与高校辅导员工作幸福感有关的问题是:"你喜欢你的工作吗?为什么?""辅导员工作带给你怎样的感受?""你在工作中体验到的幸福感来自哪些方面?"

(二)访谈样本

访谈对象与前述高校辅导员职业价值观结构化访谈的对象相同,具体分布情况见第二章表2-1。

(三)访谈结果

遵循保密原则,同样以F1、F2等符号代表不同的辅导员。在不影响受访者表达原意的前提下,我们对访谈记录进行了适当的文字整理。以下是部分比较具有代表性的回答:

F1:对这个工作算是喜欢吧,但也不是特别喜欢。喜欢的理由是我自己比较愿意在高校里面工作,辅导员的工作刚好就在高校里面,所以这一点是我喜欢的。第二个呢,就是可以接触不同的学生群体,我觉得通过带这些学生,我自己在这个过程中也可以收获到很多东西,我觉得这是我喜欢这个工作的一个主要原因吧,就是看着他们成长,我自己也在成长。

辅导员工作带给我的主要感受有两个方面。一个方面就是觉得现在的学生跟我当年读书的时候是不一样的,所以说要做好这份工作就得不断地更新自己的知识储备,这样才能够了解学生的思想动态。另外一个方面,我觉得做这份工作对我自己来说,让我在责任心方面会变得更加强一些,因为我之前一个人带了559个学生,现在带了400个学生,有时候觉得,自己要对这些学生负责,所以让自己逐渐增强了这种责任感,这是最主要的感受。

我觉得我工作中最大的幸福感应该是看到学生的进步。像我现在带大一,我重点抓了一批班长、团支书这些学生干部,在带他们一年之后,我就发现他们从刚开始什么都不懂、很青涩的那种状态,到现在交代给他们的工作,他们都能够处理得很好。看到他们成长了,就觉得有一种很大的幸福感。再一个就是受到学生的认可,我觉得也体现了这份工作所带给我的一种幸福感吧。另外一个,我觉得可能跟其他职业相比较,这份工作相对说来有比较固定的作息时间呀、假期呀等等,我觉得这个也可以作为幸福感的一个表现吧。还有就是社会对高校老师的认可度、评价,让人觉得作为高校教师是比较神圣的,是比较受到大家认可的。

(注:受访者来自普通本科院校,从事辅导员工作5年)

F2:现在的工作有时候挺喜欢的。最近这段时间在带毕业班嘛,工作也比较忙,所以感觉挺累的。总的来说,觉得还可以。因为有个寒暑假呀,对比其他职业,我个人还是比较满意这个工作的,很重要的一个理由是有寒暑假。还有一点就是这个工作是管理学生团队,自主性还是比较大的。我做过一年多的公务员,感觉那个工作自主性不是特别强,必须按照领导的意思来办,是没有太多的创造性可言的。但是这份工作可以发挥的空间比较大,不过相对来讲感受到的压力也会比较大。

辅导员工作带给我的正面感受就是我刚刚说的那些了，这个工作的自主性还是蛮大的，创造性也是蛮大的。负面的感受就是提升的空间不是特别大，这是一个很大的负面因素。另外一个就是学生或是社会的评价不是特别的高，对辅导员而言吧，学生对你的态度肯定就不如对专业老师那样。这些都是很隐性的，不是特别明显的，可能也是个别现象吧。做其他工作也会遇到。

幸福感最多的时候可能就来自寒暑假吧，很放松。再有就是在学生跟你的互动比较良好的时候，就是你对学生有帮助的时候，还有就是你成为他们的良师益友的时候。

（注：受访者来自普通本科院校，从事辅导员工作2年）

F3：我很喜欢我现在的工作。我是本科毕业留校的，留校后前两届学生给我带来的幸福感很强，成就感也很高。因为我的第一届学生已经毕业六年了，有一些学生的工作已经干得非常好了。中间有两年我在思想上也产生了一些波动，感觉辅导员工作很烦琐，很枯燥，产生了想转行啊，不想做了的念头，还有一些惰性。后来就没有了。特别是现在，我的成就感很强，学生有成就我就很高兴。

辅导员工作从我个人来讲，用一句话来说可能是最贴切的，就是"痛并快乐着"。因为辅导员工作在高校中，普通老师对我们的理解度还不是很够，他们认为只要学生有事情，就该找辅导员。所以有时候我会有一些厌烦情绪，耐心方面可能有一些不够，这是在跟老师沟通的时候。跟学生呢，现在我已经锻炼出了十足的耐心。为什么说"痛并快乐着"呢？因为学生上课率啊等等各方面出了问题，老师都会找你，说你的学生怎么这样，有时候我听到这样的话会不高兴。现在提倡全员育人，学生不单单是我的学生，只要是我们学校的老师，就都应该对学生负责，我们都是他们的老师。有时候我会跟他们沟通这件事情。我们周末没有休息时间，提出了"五加二"工作方针啊，平时工作五天，周末这两天你也要加上。晚上11点以后，电话一定要保持畅通,有事情,我们辅导员是要第一时间赶到现场的。在这一方面很多普通老师是不理解的,在评选一些荣誉称号的时候,他们会说,你们辅导员平时都在干啥呀?我们对于辅导员工作的宣传,让老师们理解的力度,还是不太够。任课教师的不理解在某种程度上会让我们产生一些矛盾。我总的感受就是辅导员工作很繁琐,但是我很快乐。

我的幸福感主要来自两个时候,第一,学生在校期间发生了一件事情,我圆满地帮他办好了这件事情,比如说考研,他很迷茫,我请人帮他指导啊,帮他树立目标啊,帮他分析如何报考啊,如何复习啊等等。这个学生取得了很好的成绩,最后考上了。就是在学生的问题得到解决之后,是我感觉最幸福的时候。第二,就是已经毕业的学生回来了或者给我打了一个电话,发了一条短信,或者我听说他干得非常好,非常成功,这时也是我最幸福的时候。比如说春节期间同事互相比较收了多少短信啊,这个时候我就感觉非常非常的幸福。总之是这两个时候,第一是帮助学生解决了问题,学生也很满意的时候,我感觉很幸福。第二就是我毕业的学生,告诉我他干得很好,他正在干啥,他发展到什么程度了。比如我2004年带的学生于2008年毕业,在公司做得非常好,成了高层管理人员,现在我们还是经常通过电话来讨论。这让我感觉他们非常信任我。这时候我会感觉十分幸福。

(注:受访者来自普通本科院校,从事辅导员工作10年)

F4:还是比较喜欢这个工作的。跟学生打交道挺省心的,不用想那么多。学生比较单纯,跟学生打交道不用考虑那么多。外边单位的沟通有些比较钩心斗角的,学校里边跟学生打交道还是比较单纯的,不会有很多问题。工作跟自己的性格比较相符,我的性格比较外向,心理测试的结果是我的性格也比较适合这样的工作。不论是跟学生打交道,还是工作环境,都是非常不错的。对这个工作还是蛮喜欢的。

辅导员工作所带来的感受，从正面来说，一个就是跟学生在一起比较快乐，另一个就是作为老师，带了一届又一届学生，哪儿都有，桃李满天下。从负面来说，可能就是我身在理工科院校里，而我学的是文科，职称不是特别好评，做一些研究性的工作、项目、课题等都不是特别有利。再一个就是我作为一个文科毕业生，处身理工科院系，对于学生，可能在专业方面没法给他们一些指导，只能在思想上给他们一些指导，做一些工作。

工作中最大的幸福感可能就是我所带的学生在校期间能获得更多的荣誉，这可能是我工作成就的一种体现，学生越好，他们所获得的荣誉越多，说明我教育的学生就越好。再一个就是学生能顺利地毕业，毕业之后能找到非常好的工作，我会为他们感到高兴的，我也会感到非常幸福。他们能取得好的成就，或者说取得优异的成绩，我会有幸福感和成就感。还有跟同事之间相处得非常融洽，不会有任何的问题，我能把自己这一块儿的工作做得更好，跟领导之间也非常默契，安排给我的工作我也能做得特别好，在这种情况下，我会感到幸福。如果说跟同事之间的关系不好，经常会有矛盾，或者跟领导之间不合拍，或者安排给我的工作做不好，那么我可能会觉得自己比较失败，可能会有负面的情绪存在，我会感觉不快乐。在这种情况下我觉得幸福感就比较低了。

（注：受访者来自普通本科院校，从事辅导员工作7年）

F5：可以说是喜欢吧。因为辅导员工作主要是接触学生，与高校的学生打交道还是比较好的。从另一个方面即辅导员的现状来说，我们辅导员所管的事情有些超出了辅导员工作的范围，辅导员的待遇，相应的职称、晋升都没有一个很统一的文件、很固定的标准。这个工作当然很好，但对于个人来说前途很渺茫。像我，大学毕业将近10年了，依然在做辅导员，并没有在行政级别上，或者说在职级上有提升，做辅导员在高校里走行政岗相对来说比较难，走专业技术职务、职称吧，现在学校、市里、省里都没有统一的文件。辅导员工作，跟学生打交道，从我的性格来说比较适合，但是从辅导员的待遇来说，我比较有压抑感。已经干了 10 年了，再干 10 年还是这样，那就嘿嘿……就是这种成就感没有。

辅导员应该说是一个综合性岗位，由知识面比较广的人来干是比较好的，尤其是与思想政治教育相关专业的。比如说我吧，我虽然从事辅导员工作 10 年，但我是学服装设计专业的，对学生思想政治教育这一块儿也是摸索着前进的。自己学一些教育学、心理学、思想政治教育等知识，来促进自己的发展。目前我所处的岗位，自己的工作前途呀各方面相对来说比较渺茫，其他学校当然我不是很清楚，我经常参加辅导员培训，知道有的学校辅导员工作做得比较好，他们的职业感还是比较强的，有些学校比如像我们学校就不是很好。

工作中的幸福感，最大的不是金钱上的收入，不是领导赞赏，不是获奖，而是每年最后学校的考评，在学生给我打分满意度很高的时候，我觉得特别有幸福感。看到学生对你的依恋，学生对你的赞扬，就特别有幸福感。这是学生对辅导员的肯定，对辅导员的认可。往往在当前的高校制度下，不一定你干得好，学生对你满意，你就能得到领导的赏识，能得到一点奖金或者是能获奖，这些东西有时候是可遇而不可求的。但是对学生，你只要真心付出，对他诚恳，他可能就会对你尊重、满意、肯定。工作的幸福感与工作性质有关，能为学生们争取一些东西，完成了一件非常想完成的事，比如组织学生搞一项活动，成立一个什么学生组织，成功了以后就会感到特别幸福。还有就是毕业以后的学生，经常打电话或者在 QQ 空间上留言问候老师的时候，也觉得特别幸福，说明我们烦琐的工作没有白干。

（注：受访者来自高等职业院校，从事辅导员工作 9 年）

F6：我觉得还行吧。和自己同时间毕业的同学相比，以及和同单位的其他同事相比，目前谈不上多么喜欢，多么满意，但是感觉还行。工作时间长了会有职业倦怠嘛。

　　这个工作带来的感受挺复杂。首先是比较忙，比较累的，这个是肯定的。特别是我们学校的辅导员，与其他学校的可能还有所不同，事无巨细，上面千条线，下面一根针，几乎所有与学生相关的工作，最终都要落实到辅导员身上。事无巨细，很烦琐、很复杂，但是有一点，世界上不管什么工作，都存在一个投入、付出和产出的问题，这个是不会变的，不论干什么样的工作都是一样的。付出了总会有产出。只是辅导员这项职业，付出后它的产出没有那么直接，或者说没有那么及时。和种地一样，把种子撒下去，要浇水、施肥，秋天的时候才能收获果实。所以这个工作跟挣钱不一样，不能马上显现出效果，想一时半会儿得到回报什么的，这不太可能。而通常人们的观念却很直接，投入了马上就想要回报，所以对这项职业可能就有误解，包括很多在这一行业里面的人，对此也有一些不理解。在高校里面，辅导员工作有些边缘化，自我的认同感和别人对你职业的认同感都不是特别高。就我们学校来看，还是挺好的，有一些改变。我工作已经八年了，变化还是很大的，跟全国一样，职业的认同感也是变化着的，在辅导员职业里可以看到这样一个动力。包括待遇各方面都是变化着的，在向好的方向发展。特别是我们学校还是走在前列的，待遇不低于教师的标准。在职业认同感上这一块儿还要慢慢来。还有就是什么人都可以指挥辅导员，跟学生相关的事都可以把责任推到辅导员身上。就目前来说，责任不是特别明确。物业的人员都可以把我们叫去训斥一番。这也需要慢慢改善。短时间内要改变这一现状是不可能的。十年、二十年也不一定能变化过来。

　　工作中的幸福感，这很简单，主要来自于学生呀。过年过节的时候，学生给你发个短信，学生来跟你聊聊天，都是感觉很好的，是其他事情无法比拟的。其他方面没有什么幸福感可言。学生跟你的感情是唯一的幸福感，这种感觉是别人体会不到的。别的感觉不出来，就这点儿挺好的。

（注：受访者来自重点本科院校，从事辅导员工作 8 年）

F7：还可以，挺喜欢这项工作的。第一，从个人角度来说，我是很喜欢跟人打交道的。作为辅导员，最重要的就是跟学生打交道。从我个人的角度看，我很喜欢跟学生打交道，去帮助学生。第二，作为辅导员，不像机关人员那么受拘束，我也挺喜欢这一点的。这是单纯从喜欢、从优点上去考虑的。但是它也有很多局限性。

感受，我就觉得辅导员工作特别忙、特别累、特别充实。在忙、累之后跟学生之间的这种情感收获，这种人情收获会有很多，成就感、幸福感也是很强的。虽然学生的事情特别繁杂，需要投入很多很多的精力，感觉很烦，但是累过之后能得到学生的肯定，也是非常有成就感的，这种成就感让人感觉很幸福。还有一个问题就是，辅导员作为一个职业的话，还不是特别成熟，可能学生对于辅导员是非常非常认可的，作为辅导员的群体来讲也是认可辅导员的，但除这个群体之外，比如高校的其他工作人员也好，社会也好，对于辅导员工作的认识还不是特别充分。特别重要的一点是作为辅导员，其职业的边界不是特别清晰，有很多事务性的工作并不是辅导员需要去做的，也是不合理的。从国际范围来看，学生的一些事务性的事情是属于专业性的。作为辅导员来讲，承担了太多的职责，职业定位、边界非常的不清晰，这导致辅导员成了全能型的、保姆型的。千条线穿于一个针眼儿之中，这种责任带给辅导员的压力还是蛮大的。这是由整个高校的氛围和大环境造成的，辅导员本身很难避免这些，除非是大环境发生改变或者辅导员职业的边界清晰。目前只要跟学生相关的事，都可能落到辅导员头上。如果辅导员只做辅导的工作，跟学生交流，我觉得还是挺有成就感，挺幸福的。太多不是辅导员的工作都压到辅导员身上的话，我觉得它就不会产生幸福感。往往是这样一些东西会带给辅导员职业倦怠感。单纯地就辅导员职责而言的话，我觉得做辅导员还是一件很有幸福感、很有意义的事情，还是挺不错的。

幸福感，第一个就是来自学生的认可，就是我所做的工作对学生是有用的，学生的改变能让我感觉到我的工作是有效的，这就是一种成就感。第二个就是学生的成长。对我来讲最大的成就感就是来自于学生吧，别的都是次要的，比如说领导包括其他同事的认可，都不足以带来幸福感。那顶多只能说是一种肯定。如果说幸福感的话，我觉得主要就是来自于学生。

（注：受访者来自重点本科院校，从事辅导员工作7年）

F8：我还是挺喜欢我的工作的。喜欢的理由，一个就是可以和学生相处，因为我们是专科学校，我们的学生每两年一换，学生到学校来的时候就非常有激情，而本科的学生到大三和大四会有一个倦怠期，我们的学生一共就三年，最后一年到医院实习，在学校就两年，学生也非常珍惜，他们就非常有激情。我们两年一换，跟学生在一起随时都能保持激情四射的状态，没有一个倦怠期，跟他们在一起会觉得自己非常年轻，随时都和他们一样保持着激情状态，保持着青春活力。还有一个就是当辅导员，可以从精神上引领他们。专业课的教师教给学生的内容可能更多的是属于专业的，而思想教育需要辅导员真正能够沉下心来跟学生交流，与学生交流的机会会多一点。教师一般上完课就走了。跟学生交流得比较多，真正能从思想上引导他们的，或者说是影响他们的，可能就是我们。这一点让我觉得非常有成就感，这也是我非常喜欢从事辅导员工作的一个很重要的原因。学生的很多事情比如谈恋爱呀，分手了呀，家里出现了什么情况呀，家里有什么变故呀，他可能第一时间就会想到我，这也是非常不错的一个方面，能获得学生的信任。

要说感受呢，我做了7年的辅导员工作，第一届是从2006年开始带的，正面的感受跟前面说得差不多，稍微有一点儿消极的感受就是产生了相对的职业倦怠情绪。因为每年面对每一届学生大概都是这些工作，做多了，做顺手了，相对来说就会有一个比较倦怠的状态。

还有就是压力比较大，很多事情堆在一起的时候，对学生的态度可能就会有一点儿急躁，有时候会对着学生吼，但是学生还是能够理解的。这可能也是一个自我调节的问题吧，事情堆积得多了之后不免会有一种急躁的情绪，还需要进一步加强修养，需要进步。因为学生的一些突发情况，我们需要随时处理。自从当了辅导员以后，这么些年我的手机从来没有关过，随时准备等候他们的召唤。所以说神经常常处在一个高度紧绷的状态，你不知道他什么时候会跟你联系，一般他晚上跟你联系都是大事和急事，遇到这种事情会感觉比较紧张。

幸福感，一个就是逢年过节学生给我们打问候的电话，包括毕业多年的学生给老师打电话，发消息，我觉得这个时候是幸福感非常高的时候。有时候我们跟专业老师交流，发现学生跟他们的交流会少一点。还有一个就是我们的QQ空间是向学生开放的，是一个工作的空间，毕业了很多年的学生会在上面留言，有的学生甚至连我的生日都能记得，在上面留言祝我生日快乐，这个时候我的幸福感就非常高。还有就是学生在我的帮助之下，把他们偏移的航线稍微拨正的时候，我会觉得我的幸福感非常高。还有就是每年照毕业照的时候。很厚的一叠毕业照，在翻看的时候，前面一排的人基本没变，后面的一茬又一茬，像韭菜一样，割了一茬又一茬，始终在变化，始终很年轻，坐在前面的我们每年都会有变化，老了，胖了，有变化。在翻看这样一些东西时，我觉得也是幸福感非常高的时候。还有一个就是学校里对我们辅导员的工作相对来讲还是比较认可的，得到领导认可的时候，我的幸福感也是非常高的。

（注：受访者来自高等专科学校，从事辅导员工作7年）

F9：谈不上喜欢。不太喜欢，就现在来讲，很重要的就是经济基础得不到满足；其次就是社会地位；还有工作久了，有六七年了，有些职业倦怠，与这个有很大的关系。从我们学校内部的群体来看，辅导员经济收入相比较是不高的，可能不算最低，但肯定是比较低的。

社会地位在学校里也不是高的,应该算是比较低吧,当然是相对于科研和教学而言的。

　　对这个工作的感受就是,辅导员本职工作之外的事情比较多。按国家规定的职责,是没有多少事情的,主要是带学生啊,管好各种相关事情啊,还是比较简单的。但是,现在一般的辅导员都要兼其他的职务,党支部书记啊,党委秘书啊,团委书记啊,还有学校各个职能部门下发的各种任务啊等等。所以说,辅导员工作很多时候需要把完整的时间打碎,有好多的事情要做。这些事情可能是给工作带来困难和挑战的很重要的方面。辅导员工作本身没有特别大的挑战和压力,因为你只要工作一到两年,顺手之后还是很容易做的。辅导员职责之外的工作很多是一个非常普遍的现象。还有一个,辅导员工作是需要24小时开机的,要随时处理突发事件,但是很多单位会把辅导员等同于普通行政人员,要求辅导员坐班,可是在8个小时以外还需要待机,随时处理突发事件。这给生活带来的压力就比较大,可能会影响辅导员对自身工作的认可。在周末呀、晚上呀,学生经常搞一些活动,都是要出席的,然后,如果学生出现一些突发事件,有什么紧急通知都需要立马集合开会的。所以与生活可能会有一定的冲突。

　　除了压力以外,这个工作还是可以带来一定成就感的。成就感来自很多工作能够得到学生的认同、外部的认同。包括很多学生毕业后,可能哪个老师给上过课他记不住了,但是大部分学生跟辅导员的关系还是比较好的,可能在很多年以后他能记起的也只有辅导员了。还有,通过这个工作会给你很大的综合能力的锻炼,很多人通过在这个岗位上的锤炼以后,调到其他的职能部门都是能够胜任的,说明这个岗位的锻炼对你个人能力是有很大提升的。

　　幸福感,一个就是有假期,可以让人比较放松;还有就是工作中只要付出了努力,取得成绩还是比较容易的;再有就是师生关系。另外,其他学院的辅导员有些是不用考勤的,整个管理是比较自由的,经济收入也是比较高的,处在那样的学院的工作岗位上,幸福感会是比较高的。如果收入不算高，但管得比较松，也可能会有幸福感；或者管得严，但是收入高，也会有幸福感。如果收入不高，管得又严，肯定幸福感就不会高。

（注：受访者来自重点本科院校，从事辅导员工作6年）

F10：很喜欢这个工作。第一个，从我们学校来讲，工资待遇什么的还行；第二个，做辅导员工作，感觉自己很年轻，充满活力；第三个，我们学院，我们团队挺好，有什么困难会合力完成，没有一般职场上的钩心斗角，大家就像朋友一样；第四个呢，就是领导给我们的发展空间特别大，给你布置的事情没有太多的条条框框，给你很大的自由去做，也愿意把你推出去；第五个就是我们学校对辅导员工作岗位很重视，在职称评定等方面建立了很多平台，平常也有出去培训的机会，有调岗到教育部啊，到其他高校的机会，有交流的机会。还有职称评定有点类似双肩的感觉，以后当老师、走行政都可以，评职称的标准稍微低一些。

辅导员工作带来的感受有两方面。一方面，正面的感受就是让人感觉很青春、很活泼；具有上升空间，发展潜力比较大。另一方面，感觉整个社会对辅导员岗位不是非常认同，好像辅导员就是临时工，认为辅导员不是高校的老师。我们学校的辅导员前两年是人事代理，两年后再转为正式编制。再有，辅导员工作比较细致，工作量比较大，就像学生四年的爸妈、家长一样，什么都要管。辅导员的责任还是比较重大的，生活、学习、思想状况都要管，包括学生出了什么事，生病了，家里出了什么事，包括恋爱、毕业、就业等都要管。但是掌握了工作技巧还是可以完成的，可以充分利用学生干部的力量。

幸福感主要来自这么几个方面：第一，这个工作是一个很有成就感的工作。幸福感跟成就感是可以画等号的。比如我带的学生在全国拿了什么奖，找到了很好的工作，走的时候对母校的眷恋，都可以让我觉得四年的工作没有白做，让他学到了很多的东西，感受到了很多，走向社会也能很顺利地找到自己的工作。这个圆满的过程让我感觉很开心，有成就感。第二，幸福感的来源就是青春和活力，相对来说高校还是一个比较单纯的环境，面对的对象还是一群十八九岁、二十来岁的学生，他们的想法也比较简单，对他们做工作不复杂。第三，就是压力不大，不像中学老师那样有升学的压力。第四，幸福感来自于对未来工作的规划和憧憬，就是觉得有奔头，对自己的未来有着清晰的规划，工作有未来。第五，就是比较自由，工作上不像其他工作那样把自己框得比较死，每个星期二规定不允许待在办公室，上班不需要打卡。第六，在高校里面充电的机会比较多，个人对自身素质的完善方面可能比其他的工作机会多，学校会有好多知名的教授来做讲座，可以去听，图书馆里面有很多的书籍，可以去看。第七，作为高校老师，在社会上还是比较有幸福感的。社会对教师还是比较尊重的，我们学校还是比较好的学校。

（注：受访者来自重点本科院校，从事辅导员工作3年）

二 高校辅导员工作幸福感开放式问卷调查

同样，鉴于电话访谈较为费时费力，为了相对高效地获得更多有关辅导员工作幸福感的信息，在电话访谈的基础上，我们又面向不同高校辅导员进行了开放式问卷调查。

（一）调查题目

调查题目与有关辅导员工作幸福感的结构化访谈所提问题相同，涉及"辅导员是否喜欢自己的工作及其理由、对辅导员工作的感受、在辅导员工作中体验到的幸福感来自哪些方面"。

（二）调查样本

调查对象与高校辅导员职业价值观开放式问卷调查的对象相同，具体分布情况见第二章表2-2。

（三）调查结果

遵循保密原则，隐去可识别调查对象身份的信息，在呈现调查结果时同样以 F11、F12 等符号代表不同的辅导员。在不影响调查对象所表达的原意的前提下，对调查结果进行了适当的文字整理。以下是部分对有关高校辅导员工作幸福感三个开放式问题比较具有代表性的回答。

F11：喜欢做学生思想政治教育工作，平常看过很多书，希望做学生的引路人，把所学、所思、所悟灌输给他们，希望学生有良好的思想道德修养，成人成才；但对于太多繁杂琐碎、流于形式的事务性工作不喜欢。

结合我校实际情况，对这个工作的感受是喜忧参半。和学生在一起大多数时间是蛮开心的，学生们很可爱；但这个岗位实际上并不太受到领导的重视，在不得已的情况下，工作多年后会考虑转岗。

幸福感来自可爱的学生群体与和谐的人际关系。

F12：喜欢了 2 年不到的时间，产生了职业倦怠，因为很多原因。

快乐和痛苦并存。快乐是因为学生的快乐而快乐着，痛苦是因为这项工作变样了。对很多人来说不知道自己的未来，有一种被忽悠的感觉。工作很伟大，但是现实很骨感。

幸福感来自学生，和学生在一起可以让自己充满活力和激情。

F13：对这项工作现在处于适应阶段，会慢慢喜欢。我的工作和专业并不一致，但是有关学生工作的事儿，我还是特别感兴趣的。如今正在适应这项比较繁重的工作，如果到了特别熟悉又有自己想法的时候，应该能喜欢上吧。

对辅导员工作的感受，首先，这是一件非常琐碎的工作，涉及学生的方方面面，在如此繁多的事务性工作中，如何更好地提高工作效率是很重要的。其次，现如今很少有多余的时间和精力去反思和研究自己的工作，仅仅满足于事务性工作的完成，缺乏研究。最后，在如何发挥学生的主动性上，感觉比较困难。往往是管得过多，不能给学生以主动性和发挥的空间。让学生干又怕学生耽误事儿，没有时间去引导，在如何引导学生上需要做得更多。

工作中所体验到的幸福感，一是来自学生对自己工作的肯定。虽然学生不能很客观地看待谁是用心的，但学生的每项大事处理到位了，或者帮助学生申请到真正的利益了，还是觉得值得的。二是领导的肯定和信任。虽然我们学院的辅导员比较少，但领导对我们是格外信任和重视的。另外，平日里没有过多的约束和隔膜，对我们挺亲和，在遇到难事儿的时候能够真心体会到领导的关心，所以不管对我有什么过多的任务布置或提出要求，我都愿意接受，怀着感恩的心情去做的。三是同事的帮助。与大部分同事都相处得很好，当然，中间难免会有这样或那样的不耐烦。科学的管理制度确实不能因为关系而不严格执行。很感谢那些给我提出工作中要改正地方的同事，但我们能够就事论事，不计前嫌，仍然一如既往地予以热心帮助，让我十分感恩。对于其他同事，我也要勤于沟通，很好地相处。

F14：比较喜欢。与我专业对口；喜欢与学生打交道，跟他们在一起感觉很年轻；高校的校园文化环境很好；师范类的背景，喜欢耐心教导学生，能体现自己的价值感；收入相对可观，且有较为明确的晋升空间。

对这个工作的感受，一是工作内容庞杂，所承担的各类具体事务较多，对学校职能部门的很多工作，需要不断总结，弄清条理，才能提高工作效率，同时只有用好学生，才能从具体工作中解放出来，更多地在学生世界观、人生观的引导上下功夫。辅导员工作使我形成了良好的习惯，条理更清楚。二是每一学年大致的工作就是那些类别，周期性明显，时间久了容易产生倦怠感。三是辅导员需要学习的东西特别多，助学贷款系统、学生党建、心理辅导、就业指导、各类知识等，需要与学生打成一片，了解学生的思想动向，有时候感到力不从心，不能把每一件事情都做精。

幸福感来自领导同事的认可和称赞，学生的喜爱和尊重，家人的支持与理解，收入的可观与正常增长，良好的工作人际环境和办公环境，能体现自己的价值感。

F15：暂时谈不上喜欢，原因如下：一是工作没有明确的职责划分，太杂太繁，工作压力、心理压力大，待遇低；二是领导交办的其他任务远远多于直接面对学生的工作；三是价值感、存在感不高，在学校中地位较低；四是发展空间、晋升途径缺失。

工作感受就是：繁琐，累。

幸福感仅仅来自于看到学生的发展和成长。

F16：喜欢这个工作，服务和见证学生成长，同时自己也获得锻炼和成长。

感受是太多繁杂的事务干扰着真正服务学生成长成才的本职需求。

幸福感来源：自我满足，学生反馈。

F17：喜欢，因为它能基本上满足我对理想职业的要求。

工作感受是，与年轻的学生在一起充满活力，很开心；自己能帮助和影响一部分人，很有成就感；有时会遇到具有挑战性的工作，能激发我的工作热情。但是，工作头绪太多，有时心情会很烦躁；遇到瞎指挥的事情，则很愤怒。

幸福感来自于学生，与学生在一起充满活力，很开心；能帮助和影响一部分人，很有成就感。

F18：还行吧，谈不上喜不喜欢，干一行爱一行，觉得这个工作挺锻炼人能力的。

对这个工作的感受是，是非多！即使工作做到位了，学生一旦出事，还是容易躺枪。

幸福感来自和学生在一起的每时每刻，每次工作任务完成后的喜悦，校园内学生们尊称的一声"老师好"。

F19：喜欢。喜欢跟学生一起进步，喜欢学院的工作氛围，可以与许多优秀的人沟通和交流。

一年的辅导员工作，酸甜苦辣皆有之，有时很有成就感，有时很有挫败感，跟着学生一起成长，自己已经完成了从一个学生到老师的转变，自己也逐渐成熟了。我的心得体会如下：

1. 大学教育从精英型教育转为大众型教育，学生自主学习素质下降，突出表现就是自律性不强，需要看着与管着。体会最深的就是好习惯的养成对学习是十分重要的。在此状态下对辅导员如何做好思想工作提出了新要求。

2. 责任，面对一颗颗年轻的心在大学里激荡，感到了沉甸甸的责任。面对这份责任，如何召开打动学生心灵的班会至关重要。

3. 对于特殊学生，尤其是降级生，要给予特殊关爱，努力做到既有情感中的教育，更有教育中的情感。与他建立信任和谐的关系后，你的话才有说服力。另外，在平时工作中要把握好分寸与尺度。因为他们的心很脆弱，他们把自己的内心包裹得很严。

4. 学生工作要坚持全面性、经常性、及时性。及时了解学生动态，多沟通，多谈心，从各个侧面多了解学生。

5. 和家长保持经常性联系很有必要。联系时要讲究方式与方法，对学生情况的汇报要公正与客观，使家长能配合你的工作。

6. 无论辅导员做多少工作，都抗拒不了这一哲学原理：外因通过内因起作用。后进学生转化的关键还是内因在起作用。辅导员的引导作用显得特别重要。尊重、理解、关心、体谅都做到了，带给辅导员的可能却是一次又一次的失望与感伤。辅导员的工作繁杂而艰苦，需要投入大量的精力与情感，但成效难以量化，也难以立竿见影。因此，辅导员工作就是个良心活，不计报酬、无私奉献、无怨无悔地坚持到底是对辅导员的挑战。

7. 青年的心灵恰似一扇窗，透过它可以看到整个世界；尊重与理解便是心灵的桥，通过它可以走向光明。

8. 辅导员在平时工作中要及时总结，不断学习。努力找到最切合实际和最有效的工作方法。经过一年多的实践，记录班级日志是很好的方法。将每天的所见、所闻、所感都记录下来。辅导员工作的日常记录，就是辅导员整个工作过程与付出，翻阅它也是自我学习的过程。

工作中的幸福感主要来自以下几个方面：

1. 学生的成长和进步。教育是一项充满激情、关爱和生命体验的活动，是师生双方共同成长的过程。教师们可以从学生那里获得一种满足，收获一份感动，收藏一份纯真。这种体验本身就是一种幸福，也是只有教师才会拥有的一种财富。

2. 爱心的付出与收获。教师对学生充满爱，学生也会用爱来回报。在我从事教育的这段时间里，我时常尝试着帮助我的学生，生病了，带去医院。孩子是聪明的、懂事的，他们会用更优异的成绩向你汇报，也会时时想着来爱你。从这个意义上说，教师的幸福感永远也不会来自于物质的丰腴，而是收获在无私的爱的付出中。

3. 自身的专业成长。就教师本身而言，职业幸福感来源于自身的专业成长。这种专业的成长不仅是专业知识的增加，还应该包括专业精神、专业修养、专业知识和专业技能四个方面的提高。只要自己用心去做，相信能做出一番成绩，而领导和同行也会看见你的进步、你的成长，会赏识你，肯定你。

4. 自身平和的心态。现代诗人何其芳说："凡是有生活的地方都有快乐和宝藏。"这是一个永恒不变的真理，而拥有这份快乐和宝藏的法宝就是要有一个良好的心态。

5. 教职工待遇的提高。现在来讲我们的工资待遇过低，与付出的劳动不相匹配，待遇过低就可能会影响积极性，影响幸福感。

F20：百分之五十的时间喜欢，百分之五十的时间不喜欢。喜欢的原因就是在学生有疑惑的时候能竭尽全力为学生排忧解难，做学生的人生导师；不喜欢的原因就是莫名其妙的加班，学生遇到突发事件，没白天没黑夜地给学生家长做工作。

工作感受是：累并快乐着。

幸福感来自于和学生们在一起，为学生解决生活中、学习中、就业中的各种困惑；看到毕业的学生都有一个好的前途；最幸福的事情就是毕业几年后的学生一块儿回来看望我。

F21：比较喜欢，因为这是我梦想的职业。

感受：难以形容，有收获也有受伤。

幸福感来源：学生的信任、理解和支持。

F22：喜欢。喜欢和年轻人打交道，乐意成为青年学生的良师益友，乐见学生的成长和发展。

工作感受：其一，累并快乐着，精神相对紧张，总体上讲很喜欢这份工作，喜欢所在的工作团队，也能实现自身价值。其二，工作头绪较多，事务性工作较多，影响了对学生教育、管理、服务等本职工作的时间投入。

幸福感来自于学生的成长、发展和进步，有较为稳定的收入，自我价值和社会价值的实现，平等、互信的团队气氛和工作环境。

F23：我很喜欢这份工作，因为我觉得个人性格特征很符合辅导员的职业要求，而且我非常熟悉我现在的工作环境。关键是工作中能帮到学生的成长，这让我很有成就感。

对这份工作的感受是：成就、幸福与挫败、无奈并存。现实的情况是能够帮到学生的成长，个人也会觉得有成就感，也感觉到这份工作是一份和青春打交道的工作，自己的心态很年轻。但是，作为辅导员这一职业的高层次发展很难，而且身份有点尴尬，前段时间校报报道了保卫处的老师、楼管阿姨、餐厅厨师，专业课老师登校报头版头条是司空见惯的，但辅导员这个群体，一百余名老师却未见一人。在专业课老师的眼中，我们权力大得很，但在学生眼中，我们更像是为他们处理琐事的管家，用得着的时候恭恭敬敬，用不着的时候不理不睬。我们被要求24小时开机，随叫随到。学生不去上课，专业课老师找辅导员；公寓有事，楼管找辅导员；学生出事，首当其冲的是辅导员。所以有时候觉得辅导员这个群体背负的东西太多了，有点被压得喘不过气来的感觉。

幸福感来源：能够帮助学生的成长。

F24：比较喜欢。首先这是我自己选择的工作，对辅导员工作比较感兴趣，愿意挑战工作中的困难；其次，辅导员责任重大，作为大学生的"人生导师、知心朋友"，能够帮助学生解决学业和生活上的问题，学生对自己的认可和信任是最大的收获；最后，工作中取得的成绩、个人的成长和工作经验的积累，让自己获得更多的成就感和幸福感。

学生工作事无巨细，都与辅导员有关，一个人带的学生总数又比较多，所以最大的感受就是"忙"，每天都感觉有做不完的工作，但是，又很有成就感，每天过得都很充实，每天都在成长。

幸福感来自学生的进步，学习成绩的提高，在各类竞赛中得奖；个人的工作得到学生的认可。

F25：喜欢。因为辅导员工作是有朝气和活力的工作，不断和年轻人接触，心态年轻，跟着年轻人学习新鲜事物，人就不会老。另外，辅导员的工作是需要紧跟国家形势和育人的发展规律的，从事此项工作会督促自己不断学习，否则就适应不了这一工作。

辅导员工作累并快乐着，有时真的很疲惫，也有郁闷的时候，有的时候工作琐碎起来，忙得身心俱疲。我认为，辅导员要是能够分方向管理就好了，毕竟每个人的精力和能力有限，现在的辅导员有种全才的感觉，工作头绪繁多，往往就是完成本职工作，没有时间和精力继续深造和创新。

幸福感的来源，一是能够得到学生的尊重；二是学生取得了成绩；三是个人自身的成长；四是国家大的环境对辅导员工作重要性的认可。

F26：

刚开始时还是很喜欢辅导员这项工作的，但随着任职时间的增加，当初的喜欢变得有些无奈。原因有很多，就客观方面而言，辅导员的日常工作很烦琐，工作和非工作时间没有明显的界限；目前高校辅导员和学生的配比不够合适，很难做到对所带的每个学生都有充分的了解；高校内部对辅导员岗位的评定不规范；社会对辅导员工作的认同度不高。就主观方面而言，家庭和工作有时不能兼顾；工作久了，会出现工作倦怠感。

对工作的感受是，让我欢喜让我忧。

幸福感来自于自己所带的学生取得了好的成绩，获得了一些荣誉；自己的工作得到学生的认同，因为自己的努力，学生有明显的改变；工作得到有关部门的嘉奖。

F27：比较喜欢这个工作。符合自己的性格，属于自己适合的行业；能够发挥自己的想法，有一定的成就感。

工作感受是琐碎、考验人的耐性；引领学生成长，甚至改变学生的一生，有成就感，也收获了很多感动。

幸福感的来源：个人工作理念被认同，创新型工作方法得到认同并收到成效；学生的成长、改变，感恩的表达；性格中的利他性，在为别人付出时很快乐。

F28：非常喜欢。辅导员工作是我一直以来追求的事业，从这项工作中，我能够找到自己的人生价值，能够将自己的能力和素质展现出来。同时和学生在一起能够感受到他们的青春气息，时刻保持年轻的状态。

对工作的感受是：第一，辅导员工作让我体会到了一种责任感，当你面对所有学生期待的目光时，一种内心深处的责任感会油然而生。第二，辅导员工作给我带来了成就感，当看到一个个学生不断成长，取得进步的时候，感觉自身的价值也同步实现了。第三，辅导员工作给我带来了一种归属感，辅导员大家庭相亲相爱，氛围和谐，在这个群体中，我感受到了家的感觉。

幸福感最重要的是来自于学生的成长和认可。看到学生不断成长与取得成绩，内心能够不断获得幸福感。当自己的工作得到学生和家长的认可时，幸福感也不断升腾着。

F29：喜欢。因为与我所学专业相符，社会地位与认可度较高，工资稳定。

辅导员工作是一场青春与激情的释放，在这个岗位上，能够持续感受学生时代的朝气与活力。同时，这项工作也是一场体力与耐力的考验，是对个人身体素质的检验，更是对个人人格魅力的展现。总之，我爱我的工作，我爱我的学生。

幸福感来自学生的认可度，工作中的创新所带来的响应度，同事领导的认可。

F30：喜欢。喜欢高校的工作氛围，喜欢和学生打交道。

感受：忙碌，充实，疲惫，幸福。

幸福感来源于学生毕业后有一个好的就业去向，过教师节时学生的一句简单问候。

F31：喜欢。因为这是我的兴趣、我的爱好、我最初的梦想。

尽管辅导员地位低，工资少，晋升难，尽管辅导员工作琐碎、繁杂、工作量大，加班加点是家常便饭，但这个工作却是我梦寐以求的，这是我的事业。我从事，我骄傲。

幸福感主要来自于所带学生的积极表现、健康成长。看着一个个学生在自己的亲手培养下健健康康地成长成才，才是最大的幸福。

F32：有时喜欢有时又有些困扰。原因如下：

1. 很多时候感到工作很累，不能做自己想要做的事情，经常因事务性的工作而忙得不可开交，没有足够的时间和精力去做自己计划好的学生教育方面的工作，会感到心有余而力不足。但是跟学生在一起，看到学生获得大大小小的荣誉，又会感到工作很有动力。

2. 在学校，辅导员工作应该是人才培养很重要的一个环节，在学校、学生发展中具有重要作用，但是在学校里辅导员工作往往被普遍地认为是"打杂"的工作。

3. 全国高校都形成了学生的任何事情都找辅导员的观点，不管属不属于辅导员的工作职责，只要是和学生有关系的都找辅导员，辅导员虽然也是这么尽职尽责地去做的，但是形成的整体认识不是很好。

4. 职业发展很迷茫。做辅导员应该是很锻炼人、很有发展前途的一个职业，但大部分人只是想以这个为跳板，尽快逃离这个岗位，而没有把这份工作作为终生的职业来发展。

辅导员工作带来的感受：

1. 忙碌但很快乐的一份工作。能够为学生提供力所能及的帮助，感到很开心，很有意义和价值。能够在他们的青春年华中给他们相关的指导，成为他们大学期间很重要的一员，为此感到很开心。

2. 辅导员工作能让我学会很多的东西，不论是业务上的还是做人做事的态度，都让我收获很多。让我慢慢地学会了临危不乱、处乱不惊，也让我学会了勇于担当和把学生的事情当作己任，更让我明白了低调做人高调做事以及勤勤恳恳踏踏实实的工作态度。工作中要有思路、有特色、有创新。担任辅导员一年的时间让我有很大的收获和感触，让我明白了认真和责任的重要性。

幸福感来自于学生的认可和尊重，家长的认可，学校、学院的认可，较好的工作环境和同事关系，较多的学习机会。

F33：喜欢。这个工作基本上符合我个人对理想职业的期望，所从事的职业在未来一段时期具有较好的发展空间。

教育与管理的双重职责带给辅导员的感受是多方面的：首先是强烈的责任压力，大学生是国家的宝贵资源，也是无数家庭的全部希望，作为辅导员需要保持"如履薄冰"的责任感；其次是沉重的工作压力，虽然辅导员专业化发展的思路已经比较明确，但由于各方面的原因，辅导员日常工作负担依然较重，在一些关键问题上的考核压力巨大，如安全问题、学生考试诚信问题等，需要辅导员保持"如临深渊"的工作状态。总体而言，做辅导员是一个让人感到责任重大、压力巨大，但非常有成就感的工作。

幸福感主要来源于以下方面：学生的成长，工作业绩的进步，专业化发展的希望，家人的理解。

F34：认为这项工作不错，但是谈不上喜欢。与预想的这份工作的实际操作过程和目标定位有一定出入。

对这一工作的感受是：事务性工作过于烦琐；育人工作非常重要，使命光荣；是一份充满挑战的工作，要做好这份工作需要智慧；用心思考、科学工作才是做好辅导员工作的根本，而不是仅仅管好学生，更重要的是"理"，目前我们学校辅导员的工作更侧重于管，让学生依赖感过重。

幸福感来自于学生的成长成才，个人能力的迅速提升，保持活力和年轻的心态，家人的支持和同事的鼓励陪伴。

F35：一半一半吧。喜欢是因为实现了当教师的愿望，虽然并不能做专业教师。能与朝气蓬勃的学生相处，促使我不断接触新鲜事物，思维活跃，心态年轻。不喜欢是因为有时工作并不能得到理解、关心、认可，会觉得没有价值。学校对辅导员职责的分工并不明确，各部门来的工作导致事务繁杂。属于一线工作，不仅工作累，而且承担的责任重，压力大。

感受是快乐、累、压力。

幸福感来源于学生的成长和肯定，融洽的同事关系。

F36：不喜欢，因为与我理想的职业不符，且收入在下降，上升空间被压缩，工作压力越来越大。

感受是拿着白菜价的薪水，操着卖导弹的心，在学校和学生的夹缝中求生存，处于高校各种岗位中的最底层。

幸福感来自于放假。

F37：喜欢。我的本科辅导员给了我很多帮助，那时就想，我也能像他一样该多好，可以帮助其他的同学。小时候的理想就是成为军人和老师，现在工作和业余生活都很丰富。

工作感受是：和学生做朋友，帮助他们解决实际问题，心态也很年轻，有很强的职业满足感。

幸福感来源于对学生的帮助，职业自豪感，心态年轻。

F38：喜欢。因为自己很喜欢辅导员工作，跟学生在一起心态会变得很年轻，也很有朝气。

感受：学生事无小事，做辅导员是一个非常锻炼人的工作，特别强调人的综合素质，在各个方面都要不断学习。

幸福感主要来自于自己的付出有回报，最大的幸福感来自于学生的认可和肯定，还有领导的认定；自己在工作中的成长和进步。

F39：非常喜欢！我认为这是我最理想的职业。我做辅导员，管理300多人，每个学生都有很大的潜力，和他们沟通、交流，一起举办活动，能一起尝试和创造新奇迹！很愉快！

做辅导员工作心情愉快，每天都有新的东西，一直处于时代的前列。让人永远充满激情和梦想！

幸福感来源于学生对你的认可，在你的引导下学生能有收获，取得超越自我的成就！

F40：喜欢。我一直认为辅导员与我理想中的教师最为接近，在给学生的引导中给予其充分的自由发展空间，而不是无限的纠错过程，我一直在探索教育理论中的引导在现实中是否真的比传统教育好，也许十年二十年后在我的学生身上会有明显体现吧。

如果没有太多的行政压力或者上级可以给予辅导员充分的教育权，我相信做辅导员是一个让我十分快乐的职业，我也会乐在其中。虽然这一职业不如想象中那么完美，目前这个工作带给我的快乐大过痛苦，但是辅导员的职业局限也会让我们思索，什么样的出路才是最适合自己今后的发展的。其实，我不反对成为专家型辅导员，但是目前这条路基本看不到光明，怎么走下去？这是国家政策制定应该认真考虑的，不仅仅是出台政策和方针，如何增加专家型辅导员的社会认可度是急需考虑的。

幸福感来自于学生的成长和进步，社会和家人对自己职业的认可，不错的待遇，不长不短的假期。

无论是上述结构化访谈，还是开放式问卷调查，部分辅导员关于工作幸福感相关问题的回答，均超出了问卷条目搜集的需要，但对于探讨如何提升高校辅导员的工作幸福感却非常有价值，为了保持调查结果的相对完整性，在此呈现了辅导员回答的全部内容。

三　高校辅导员工作幸福感初测问卷形成

(一) 高校辅导员工作幸福感初始问卷条目

对于有关高校辅导员工作幸福感的结构化访谈和开放式问卷调查结果，先由课题负责人根据回答内容进行归类整理，然后与课题组核心成员共同讨论，得到被重复提及的表述要点及其频次（见表3-1）。

表3-1　工作幸福感结构化访谈与开放式调查所得表述要点

表述要点	频次	表述要点	频次	表述要点	频次	表述要点	频次
学生成长	38	同事融洽	8	充满活力	5	领导可亲	3
学生认可	24	领导认可	7	学生问候	5	办公环境	3
学生成才	17	学生信任	7	学生感恩	5	师生和谐	3
学生尊重	15	工作收入	7	有寒暑假	5	团队气氛	3
共同成长	12	学生情感	6	家人理解	5	学生祝福	3
能力提升	11	同事认可	6	学习机会	4	学生关心	3
发展空间	10	同事帮助	6	职业自豪	4	帮助学生	2
社会地位	9	心态年轻	6	部门嘉奖	3	工作稳定	2
学生成绩	9	工作成就	5	家长认可	3	校园环境	2
相对自由	8	价值实现	5	工作顺利	3	业余时间	2

以结构化访谈和开放式问卷调查所得表述要点及其频次作为高校辅导员工作幸福感的事实依据，分别找出结构化访谈和开放式问卷调查中所出现的代表辅导员工作幸福感来源的陈述性语句，由这些语句构成高校辅导员工作幸福感初始问卷条目，共计58条，覆盖了表3-1所示的工作幸福感要点。58条具体表述见本书附录1。

（二）高校辅导员工作幸福感问卷初测样本

高校辅导员工作幸福感问卷初测样本与高校辅导员职业价值观问卷初测样本相同，具体分布情况见第二章表2-4。

（三）高校辅导员工作幸福感初测问卷项目分析

1. 问卷条目区分度分析

采用SPSS 23.0统计软件对高校辅导员工作幸福感初测问卷的条目进行区分度分析（结果如表3-2所示）。

表3-2 高校辅导员工作幸福感初测问卷条目区分度分析结果（M±SD）

工作幸福感条目	高分组均值	高分组标准差	低分组均值	低分组标准差	t值	P值
1. 看到学生在自己帮助下进步与成长	4.96	0.17	4.23	0.72	8.37	<0.001
2. 学生的喜爱和尊重	4.92	0.32	4.14	0.69	8.82	<0.001
3. 同事关系融洽	4.91	0.29	3.86	0.61	13.29	<0.001
4. 领导对自己工作的认可	4.92	0.36	3.81	0.81	10.77	<0.001
5. 社会对高校老师的尊重	4.89	0.35	3.73	0.82	11.23	<0.001
6. 工作稳定	4.88	0.33	3.67	0.80	12.01	<0.001
7. 有较多的学习和培训机会	4.84	0.43	3.73	0.85	9.99	<0.001
8. 国家对辅导员工作重要性的认可	4.91	0.33	3.82	0.96	9.13	<0.001
9. 有发展空间，有奔头	4.87	0.41	3.77	0.92	9.36	<0.001
10. 和学生在一起心态年轻	4.96	0.20	3.56	0.76	15.18	<0.001
11. 不像中学老师压力那么大	4.64	0.69	3.29	0.98	9.76	<0.001
12. 有满足业余爱好的时间	4.80	0.57	3.32	0.83	12.71	<0.001

续表

工作幸福感条目	高分组 均值	高分组 标准差	低分组 均值	低分组 标准差	t值	P值
13. 办公环境好	4.74	0.55	3.11	0.89	13.35	<0.001
14. 图书馆文献丰富	4.76	0.54	3.16	0.93	12.79	<0.001
15. 有较为规律的作息	4.80	0.49	3.34	1.02	11.09	<0.001
16. 不错的工作收入	4.88	0.36	3.57	0.87	11.86	<0.001
17. 校园环境好	4.89	0.35	3.40	0.89	13.37	<0.001
18. 有寒暑假	4.86	0.51	3.70	0.94	9.30	<0.001
19. 相对比较自由	4.80	0.49	3.38	0.95	11.37	<0.001
20. 有归属感	4.95	0.23	3.53	0.90	13.03	<0.001
21. 与领导相处默契	4.93	0.30	3.60	0.76	13.90	<0.001
22. 师生关系和谐	4.95	0.28	3.85	0.76	11.65	<0.001
23. 能帮助学生解决学业、心理等方面的问题	4.93	0.25	3.85	0.78	11.64	<0.001
24. 学生的信任、理解和支持	4.97	0.16	3.89	0.72	12.59	<0.001
25. 帮助困难学生渡过难关	4.96	0.20	3.92	0.66	12.93	<0.001
26. 学生取得好的学业成绩	4.92	0.27	3.82	0.65	13.32	<0.001
27. 与学生一起成长	4.97	0.16	3.75	0.72	14.10	<0.001
28. 和学生以心换心的幸福感	4.99	0.12	3.83	0.69	13.96	<0.001
29. 领导对工作的理解和帮助	4.99	0.13	3.82	0.79	12.51	<0.001
30. 学生在各类竞赛中获奖	4.68	0.59	3.38	0.76	11.64	<0.001
31. 同事对自己工作的认可	4.87	0.38	3.58	0.76	13.04	<0.001
32. 家人的支持与理解	4.97	0.16	3.79	0.78	12.64	<0.001
33. 领导的信任	4.99	0.12	3.78	0.79	12.98	<0.001
34. 能学到许多做事做人的方法	4.97	0.16	3.67	0.78	13.94	<0.001
35. 自己在工作上的创新得到认同	4.96	0.20	3.71	0.81	12.85	<0.001
36. 个人职业能力和专业素养的提升	4.99	0.12	3.68	0.88	12.54	<0.001
37. 学生对自己工作的认可	4.96	0.20	3.74	0.69	14.61	<0.001
38. 工作业绩的提高	4.97	0.16	3.68	0.75	14.24	<0.001

续表

工作幸福感条目	高分组 均值	高分组 标准差	低分组 均值	低分组 标准差	t 值	P 值
39. 和学生分享好文章、好视频等觉得开心	4.88	0.40	3.38	0.70	15.96	<0.001
40. 通过和青年人交流感受到自己的价值所在	4.96	0.26	3.57	0.75	14.99	<0.001
41. 学生对老师的关心	4.86	0.51	3.52	0.80	12.09	<0.001
42. 工作取得成效	4.92	0.32	3.67	0.79	12.44	<0.001
43. 看到学生是未来的希望，会有一种荣耀感	4.95	0.28	3.74	0.78	12.46	<0.001
44. 学生中出现的问题得到圆满解决	4.96	0.20	3.77	0.79	12.53	<0.001
45. 家长对自己工作的认可	4.89	0.39	3.58	0.74	13.51	<0.001
46. 对某项突发或棘手事件的妥善处理	4.97	0.16	3.71	0.77	13.67	<0.001
47. 在为学生付出时会感到快乐	4.97	0.17	3.63	0.72	15.64	<0.001
48. 工作有一定成就	4.98	0.16	3.56	0.80	14.81	<0.001
49. 节日期间学生的问候与祝福	4.68	0.68	3.30	0.86	10.87	<0.001
50. 顺利地带完一届学生	4.97	0.16	3.64	0.75	14.78	<0.001
51. 工作得到有关部门嘉奖	4.76	0.59	3.30	0.92	11.49	<0.001
52. 学生毕业时的留恋	4.89	0.45	3.47	0.71	14.63	<0.001
53. 看到毕业的学生有一个好的前途	4.97	0.16	3.78	0.71	13.98	<0.001
54. 毕业学生的感谢和问候	4.80	0.54	3.48	0.84	11.42	<0.001
55. 毕业的学生一块回来看望自己	4.79	0.57	3.37	0.89	11.53	<0.001
56. 学生毕业后取得成就	4.95	0.28	3.71	0.75	13.16	<0.001
57. 一种学生遍天下的自豪感	4.88	0.33	3.48	0.87	12.96	<0.001
58. 自我价值和社会价值的实现	4.99	0.12	3.71	0.84	12.83	<0.001

由表3-2可以看到，问卷条目区分度分析结果显示，高分组和低分组在各题项上的平均分差异非常显著，表明高校辅导员工作幸福感初测问卷中的各题项具有很高的区分度。

2. 题项得分与问卷总分相关分析

对高校辅导员工作幸福感初测问卷各题项得分与问卷总分的相关分析结果见表3-3。

表3-3 高校辅导员工作幸福感初测问卷题项得分与问卷总分相关分析结果

工作幸福感条目	r	工作幸福感条目	r
1. 看到学生在自己帮助下进步与成长	0.639**	30. 学生在各类竞赛中获奖	0.701**
2. 学生的喜爱和尊重	0.588**	31. 同事对自己工作的认可	0.760**
3. 同事关系融洽	0.663**	32. 家人的支持与理解	0.773**
4. 领导对自己工作的认可	0.671**	33. 领导的信任	0.796**
5. 社会对高校老师的尊重	0.704**	34. 能学到许多做事做人的方法	0.832**
6. 工作稳定	0.682**	35. 自己在工作上的创新得到认同	0.806**
7. 有较多的学习和培训机会	0.683**	36. 个人职业能力和专业素养的提升	0.805**
8. 国家对辅导员工作重要性的认可	0.650**	37. 学生对自己工作的认可	0.787**
9. 有发展空间，有奔头	0.656**	38. 工作业绩的提高	0.830**
10. 和学生在一起心态年轻	0.725**	39. 和学生分享好文章、视频等觉得开心	0.759**
11. 不像中学老师压力那么大	0.584**	40. 和青年人交流感受到自己的价值所在	0.753**
12. 有满足业余爱好的时间	0.680**	41. 学生对老师的关心	0.687**
13. 办公环境好	0.674**	42. 工作取得成效	0.778**
14. 图书馆文献丰富	0.708**	43. 看到学生是未来希望，有一种荣耀感	0.755**

续表

工作幸福感条目	r	工作幸福感条目	r
15. 有较为规律的作息	0.653**	44. 学生中出现的问题得到圆满解决	0.771**
16. 不错的工作收入	0.623**	45. 家长对自己工作的认可	0.742**
17. 校园环境好	0.687**	46. 对某项突发或棘手事件的妥善处理	0.796**
18. 有寒暑假	0.617**	47. 在为学生付出时会感到快乐	0.795**
19. 相对比较自由	0.647**	48. 工作有一定成就	0.822**
20. 有归属感	0.738**	49. 节日期间学生的问候与祝福	0.652**
21. 与领导相处默契	0.770**	50. 顺利地带完一届学生	0.689**
22. 师生关系和谐	0.772**	51. 工作得到有关部门嘉奖	0.656**
23. 能帮学生解决学业、心理等方面的问题	0.763**	52. 学生毕业时的留恋	0.738**
24. 学生的信任、理解和支持	0.786**	53. 看到毕业学生有一个好的前途	0.784**
25. 帮助困难学生渡过难关	0.771**	54. 毕业学生的感谢和问候	0.633**
26. 学生取得好的学业成绩	0.759**	55. 毕业的学生一块回来看望自己	0.637**
27. 与学生一起成长	0.809**	56. 学生毕业后取得成就	0.743**
28. 和学生以心换心的幸福感	0.792**	57. 一种学生遍天下的自豪感	0.694**
29. 领导对工作的理解和帮助	0.788**	58. 自我价值和社会价值的实现	0.793**

注：r 为相关系数，** 表示 $P<0.01$。

由表 3-3 可见，高校辅导员工作幸福感初测问卷所有题项得分均与问卷总分显著相关，表明问卷各题项与问卷总体具有较高的同质性。

（四）高校辅导员工作幸福感初测问卷因素分析

同样，为了初步探索高校辅导员工作幸福感的结构，利用问卷初测数据进行了探索性因素分析。综合考虑特征值（大于1）、因素分析碎石图、因素负荷（大于0.40）等指标，删除了17个题项，得到包含41个条目的高校辅导员工作幸福感问卷。因素分析结果表明，高校辅导员工作幸福感由5个因素构成。

第二节 高校辅导员工作幸福感正式问卷的确定

一 高校辅导员工作幸福感正式问卷施测样本

采用经过初步因素分析所得到的包含41个条目的高校辅导员工作幸福感问卷，面向全国高校进行抽样调查。调查对象与高校辅导员职业价值观正式问卷调查相同，具体分布情况见第二章表2-7。

二 高校辅导员工作幸福感正式问卷研究程序

（一）问卷发放

调查取样原则、问卷发放与回收途径均与前述高校辅导员职业价值观正式问卷发放程序相同。

（二）数据处理

采用统计软件 SPSS 23.0 和 Amos 23.0 对调查所得数据进行分析与处理。将342份有效问卷中的171份奇数编号问卷用于探索性因素分析，进一步探索高校辅导员工作幸福感的结构；另外171份偶数编号问卷用于验证性因素分析，以检验高校辅导员工作幸福感问卷的结构效度。

三 高校辅导员工作幸福感正式问卷探索性因素分析

首先，采用KMO检验和Bartlett球形检验对研究取样的适当性进行考察，检验数据是否适合进行因素分析。统计数据显示，在这一环节的高校辅导员工作幸福感研究中，取样适当性指标 KMO 值为 0.939，Bartlett 球形检验的 χ^2 值为 5459.942，df = 465，$P < 0.001$，说明高校辅导员工作幸福感问卷各题项之间有共享因素的可能，数据非常适合进行因素分析。

接下来对高校辅导员工作幸福感问卷中的 41 个题项进行探索性因素分析。采用主成分分析、快速斜交旋转 Promax 法提取因素。因素提取标准、题项删除原则与高校辅导员职业价值观正式问卷探索性因素分析的标准相同，在此不再赘述。

经过多次探索，最终获得 5 个因素，31 个题项，累计解释总方差为 77.21%。因素分析的主要结果见图 3-1 和表 3-4。

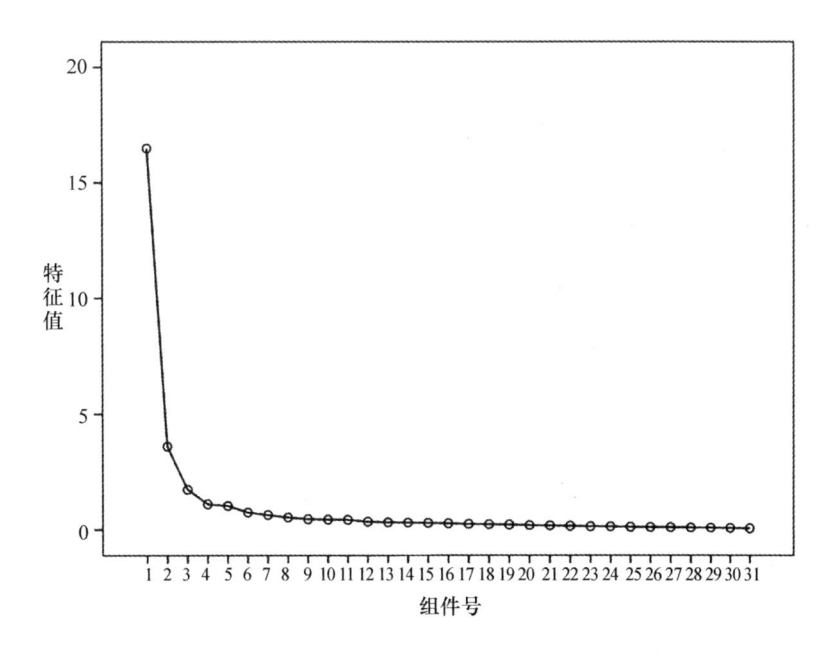

图 3-1　高校辅导员工作幸福感问卷探索性因素分析碎石图

表 3-4　　高校辅导员工作幸福感问卷因素分析摘要

题号	因素负荷					共同度
	因素1	因素2	因素3	因素4	因素5	
1. 与学生一起成长	0.921					0.777
8. 看到学生在自己帮助下进步与成长	0.918					0.793
7. 师生关系和谐	0.913					0.758
4. 和学生以心换心的幸福感	0.895					0.791
2. 帮助困难学生渡过难关	0.856					0.808
3. 学生的信任、理解和支持	0.817					0.777
6. 能帮助学生解决学业、心理等方面的问题	0.801					0.771
9. 和学生在一起心态年轻	0.784					0.715
5. 学生取得好的学业成绩	0.530					0.721
34. 毕业的学生一块回来看望自己		0.908				0.779
33. 一种学生遍天下的自豪感		0.838				0.822
31. 学生毕业时的留恋		0.838				0.837
30. 节日期间学生的问候与祝福		0.738				0.789
32. 毕业学生的感谢和问候		0.715				0.822
28. 顺利地带完一届学生			0.845			0.676
20. 家长对自己工作的认可			0.776			0.766
19. 学生中出现的问题得到圆满解决			0.766			0.754
21. 对某项突发或棘手事件的妥善处理			0.659			0.699
24. 在为学生付出时会感到快乐			0.627			0.729

续表

题号	因素负荷					共同度
	因素1	因素2	因素3	因素4	因素5	
26. 通过和青年人交流感受到自己价值所在			0.614			0.760
22. 工作取得成效			0.605			0.814
25. 工作有一定成就			0.564			0.761
13. 不像中学老师压力那么大				0.940		0.780
14. 有较为规律的作息				0.863		0.818
12. 有满足业余爱好的时间				0.860		0.813
15. 相对比较自由				0.756		0.763
37. 有发展空间,有奔头					0.928	0.860
38. 社会对高校老师的尊重					0.876	0.772
36. 有较多的学习和培训机会					0.812	0.797
41. 国家对辅导员工作重要性的认可					0.809	0.721
40. 工作稳定					0.576	0.693
特征值	16.488	3.589	1.731	1.100	1.028	
贡献率(%)	53.187	11.576	5.583	3.549	3.315	77.210

根据各因素所包含条目的意义对所得五个因素进行命名,命名时综合考虑载荷量最大的题项以及多数题项的含义。第一个因素包含九个题项,主要内容涉及辅导员与学生一起成长、学生进步、帮助学生、学生成绩等,将其命名为"共同成长"。第二个因素包含五个题项,主要内容涉及毕业学生看望、学生留恋、学生问候、学生感恩等,将其命名为"师生情感"。第三个因素包含八个题项,主要内容包括工作顺利、家长认可、难题解决、工作成效等,将其命名为"工

作成就"。第四个因素包含四个题项,主要内容涉及工作压力比较、作息状况、业余时间、相对自由,将其命名为"环境宽松"。第五个因素包含五个题项,主要内容涉及发展空间、社会尊重、培训机会、国家认可等,将其命名为"发展空间"。

通过上述研究可以认为,高校辅导员工作幸福感的结构是由共同成长、师生情感、工作成就、环境宽松、发展空间五个因素构成的。从探索性因素分析的结果来看,这五个因素的题项分布较为合理,而且每个题项在相应因素上的载荷均比较高,均在0.50以上。这五个因素累计解释了77.21%的变异,属于比较高的解释量。因此研究所编制的高校辅导员工作幸福感问卷的结构和内容是可以接受的。

四 高校辅导员工作幸福感正式问卷验证性因素分析

为进一步检验研究所得的高校辅导员工作幸福感问卷的结构是否理想,以调查回收的171份偶数编号问卷作为数据来源,运用Amos 23.0软件进行验证性因素分析。我们采用以下指标考察模型对数据的拟合程度:χ^2/df、CFI、TLI、RMSEA、NFI、IFI。各主要拟合指标情况见表3-5所示。

表3-5 高校辅导员工作幸福感问卷验证性因素分析主要拟合指标

χ^2	df	χ^2/df	CFI	TLI	RMSEA	NFI	IFI
866.622	414	2.093	0.914	0.903	0.080	0.848	0.915

表3-5显示,研究模型的主要拟合指标达到了通常的推荐标准,模型对数据的拟合度较好,表明高校辅导员工作幸福感问卷有着较好的结构效度。高校辅导员工作幸福感问卷的因素结构见图3-2。

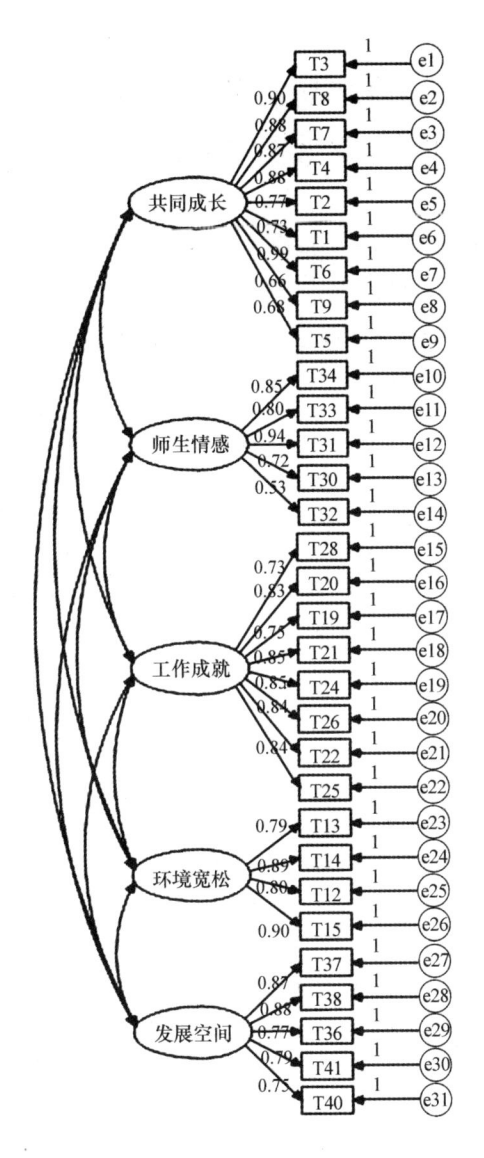

图 3-2 高校辅导员工作幸福感问卷因素结构

第三节　高校辅导员工作幸福感正式问卷的信度与效度检验

一　高校辅导员工作幸福感正式问卷的信度检验

我们采用克隆巴赫α系数作为信度指标，对高校辅导员工作幸福感问卷进行信度检验。问卷总体和五个维度的内部一致性系数见表3-6所示。

表3-6　高校辅导员工作幸福感问卷内部一致性系数

信度指标	共同成长	薪资待遇	工作成就	环境宽松	发展空间	总体
克隆巴赫α系数	0.953	0.931	0.940	0.907	0.907	0.974

表3-6显示，高校辅导员工作幸福感问卷总体和五个维度的克隆巴赫α系数在0.907—0.974，均达到了非常好的标准，表明该问卷具有良好的信度。

二　高校辅导员工作幸福感正式问卷的效度检验

我们采用内容效度和结构效度两个指标来对高校辅导员工作幸福感问卷进行效度评估。

（一）内容效度

我们所编制的高校辅导员工作幸福感问卷，题项来源于对高校辅导员的结构化访谈和开放式问卷调查，初测问卷经过了课题组成员多次讨论和修改。在正式问卷形成的过程中，先进行了一次小范围的试测，以确保问卷所有条目能较好地反映高校辅导员的工作幸福感。严谨的问卷编制程序保证了问卷具有较高的内容效度。

（二）结构效度

检验方法之一是考察问卷各维度与总分的相关系数以及各维度之

间的相关性。高校辅导员工作幸福感问卷五个维度与问卷总体的相关系数及各维度之间的相关性见表3-7所示。

表3-7　高校辅导员工作幸福感问卷各维度间相关性及维度与问卷总体的相关系数

	共同成长	师生情感	工作成就	环境宽松	发展空间	问卷总体
共同成长	1					
师生情感	0.710**	1				
工作成就	0.795**	0.738**	1			
环境宽松	0.267**	0.296**	0.449**	1		
发展空间	0.569**	0.566**	0.688**	0.654**	1	
总体	0.829**	0.795**	0.913**	0.646**	0.855**	1

注：**表示$P<0.01$。

由表3-7可见，高校辅导员工作幸福感问卷五个维度与问卷总体的相关系数均达到显著水平，较好地反映了问卷所要考察的内容。各个维度之间的相关性大多属于中等水平，表明各因素之间具有一定的独立性。

同时，前文的验证性因素分析结果也表明，我们所编制的高校辅导员工作幸福感问卷具有良好的结构效度。

从高校辅导员工作幸福感正式问卷的信度与效度检验结果来看，我们所编制的高校辅导员工作幸福感问卷具有良好的信度与效度，可作为后续考察高校辅导员工作幸福感现状的测评工具。

第四节　关于高校辅导员工作幸福感结构的讨论

关于工作幸福感的结构，国内外学者有较多不同的观点或研究结论，对于我们的研究有程度不同的参考价值。迪纳、斯科隆等（Diener, Scollon, Lucas, 2003）认为，工作幸福感可分为工作中的积极情感、消极情感、工作整体满意度和对工作不同领域的满意度。其中，工作中的积极情感、消极情感属于对工作的情感评价，工作整体满意度和对工作不同领域的满意度属于对工作的认知评价。工作整体满意度涉及是否渴望变化，对工作现状、过去和未来是否满意，他人是否认可自己的工作。对工作不同领域的满意度则涉及收入、职位、工作环境、人际环境等。范霍恩、塔里斯等（Van Horn, Taris, Schaufeli et al., 2011）以荷兰教师为对象，通过研究发现，荷兰教师的工作幸福感包括情绪幸福感、职业幸福感、社交幸福感、认知幸福感、身心幸福感五个维度。

国内研究者文峰（2006）以企业、行政机关和事业单位的员工为研究对象，通过探索性因素分析得出的工作幸福感结构包含七个因素：工作价值、环境驾驭、福利待遇、自主性、自我接受、人际关系、发展前景。郭杨（2008）同样以企业、行政机关和事业单位员工为对象，得出工作幸福感的结构包含七个因素，但这七个因素与前者存在较大差异，具体包括薪酬满意、坚韧乐观、工作生活平衡、内部激励、民主和谐、工作认可、工作胜任。许用（2008）以澳门公务员为研究对象，得出的工作幸福感结构包括人际关系、工作满意感、工作回报、工作目标、自我肯定五个因素。

前文曾提到，有研究者认为，工作幸福感也可称为职业幸福感。詹雪芳（2012）对高校辅导员的职业幸福感进行研究，得出的研究结果是，高校辅导员职业幸福感由情感、专业性和社会性三个维度构成。其中，情感维度包含情绪体验、满意度和职业认同；专业性包含抱负、胜任和自主；社会性包含领导关系的积极体验、同事关系的积极体验以及学生关系的积极体验。该研究对高校辅导员职业幸福感维度的划分和命名不够理想，分析原因，与调查问卷的题项来源有关。该研究的问卷题项部分来自开放式问卷调查，部分来自国内外相关问卷，包括成就动机量表、工作倦怠量表等，导致研究得出的高校辅导员职业幸福感结构不甚理想。张玉柱、金盛华（2013）以包括从事教学、科研的专任教师和教辅、行政管理人员在内的高校教师为研究对象，研究了高校教师的职业幸福感，结果表明，高校教师职业幸福感的结构包括学生发展、友好关系、工作满意、工作成就、工作自主、价值实现六个因素。该研究的问卷题项来源于对高校教师的访谈和半开放式问卷调查，访谈和调查内容为高校教师对幸福的理解、对工作中幸福的理解，以及对工作中幸福体验的描述。因此，该研究所得到的高校教师职业幸福感结构相对而言是较为理想的。

我们同样采用了自下而上的问卷编制策略，问卷所有题项均来自对高校辅导员的结构化访谈和开放式问卷调查，而不是来自国内外文献中并非面向辅导员的工作幸福感问卷或量表。研究结果表明，高校辅导员工作幸福感的结构包含共同成长、师生情感、工作成就、环境宽松、发展空间五个因素。由于我们研究的每一个环节均较为严格地遵循了心理测量学程序，可以认为，我们所得出的高校辅导员工作幸福感结构更为符合辅导员的实际。采用我们所编制的高校辅导员工作幸福感问卷面向辅导员进行调查，可以更好地反映和了解高校辅导员的工作幸福感现状。

第四章 高校辅导员职业价值观现状调查

有研究者提到，从价值观的表现形式来看，它既可以是外显的也可以是内隐的；从价值观的功能来看，多数研究者认为，价值观对行为具有导向作用（金盛华、辛志勇，2003）。职业价值观是决定个体职业行为的心理基础（张宏如，2009）。职业价值观的核心是职业需要，并通过职业评价、职业动机、职业愿望、职业态度、职业理想等形式表现出来（黄希庭、郑涌等，2005），它对人们的职业选择、工作目标、努力程度、自我实现等有着重要影响（马昕，2011）。

高校辅导员有着怎样的职业价值观，不仅与他们自身发展有关，还会影响到学生的成长。在高校辅导员中流行这样一句话："什么样的辅导员，培养出什么样的学生。"因为高校辅导员是大学生成长的领航者，如果辅导员持有积极向上的职业价值观，无疑会对学生产生无形的引领和示范作用，有助于学生形成正确的职业价值观（梁广东，2017）。那么，高校辅导员总体而言有着怎样的职业价值观？不同性别、年龄、受教育程度、工作年限、高校类别的辅导员在职业价值观上是否存在差异？我们采用所编制的高校辅导员职业价值观问卷，面向国内不同高校进行了抽样调查。

第一节 高校辅导员职业价值观总体情况

一 调查样本基本信息

调查回收有效问卷342份，样本构成与高校辅导员职业价值观正式问卷编制的施测样本相同，在第二章第二节已有简要介绍。为了让读者更为直观地了解调查样本的基本信息，这里采用柱状图加以呈现。

（一）性别分布

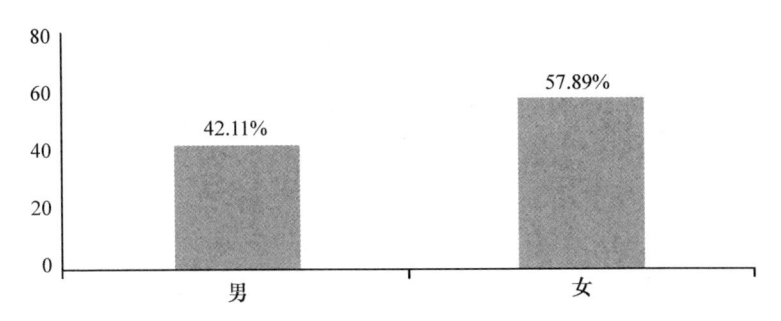

图 4-1 调查样本性别分布

图 4-1 显示，进入本次调查的高校辅导员女性居多，这与我国高校辅导员队伍总体性别分布情况基本一致。

（二）年龄分布

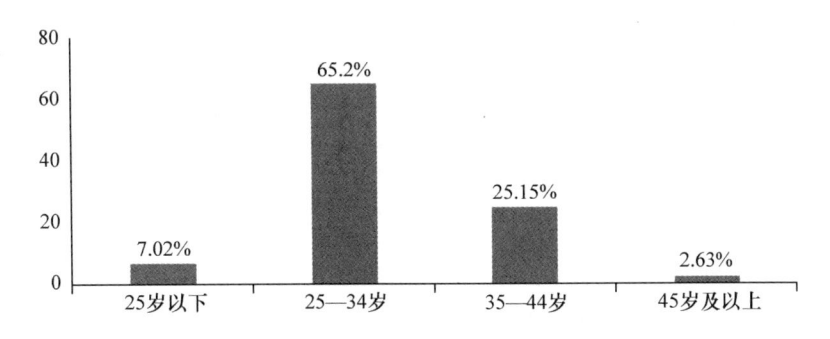

图 4-2 调查样本年龄分布

从图4-2可以看到，辅导员队伍以30岁左右的年轻人居多，45岁及以上仍然从事辅导员工作的人数很少。

（三）受教育程度分布

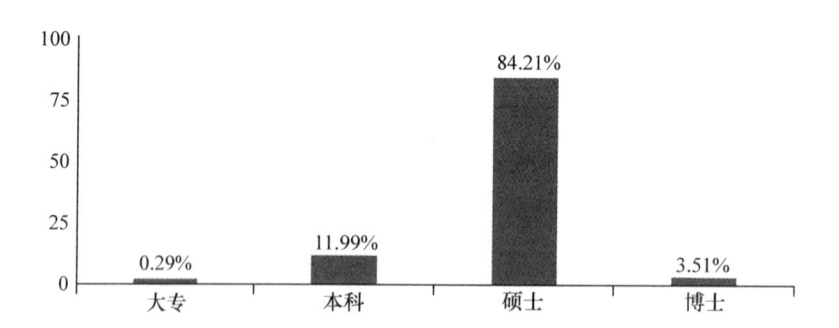

图4-3 调查样本受教育程度分布

由图4-3可以看到，受教育程度为硕士的辅导员占辅导员队伍的绝大多数。受教育程度为大专的极少，进入本次调查的仅1人，占0.29%。受教育程度为博士的辅导员所占比例也很低。

（四）从事辅导员工作年限分布

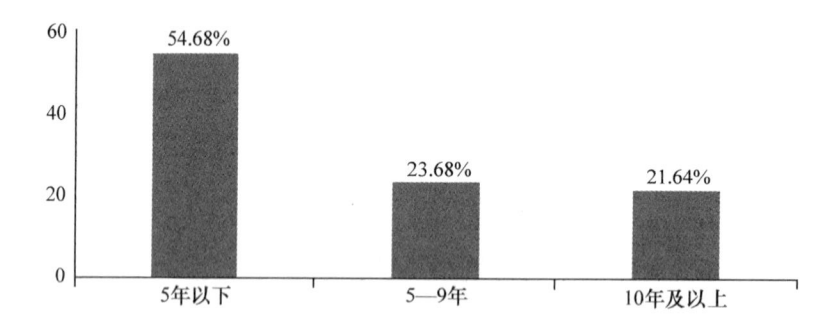

图4-4 调查样本从事辅导员工作年限分布

由图4-4可见，进入本次调查的辅导员从事该项工作的年限在5年以下的居多，超过半数。从事辅导员工作10年及以上的相对较少。

（五）婚姻状况分布

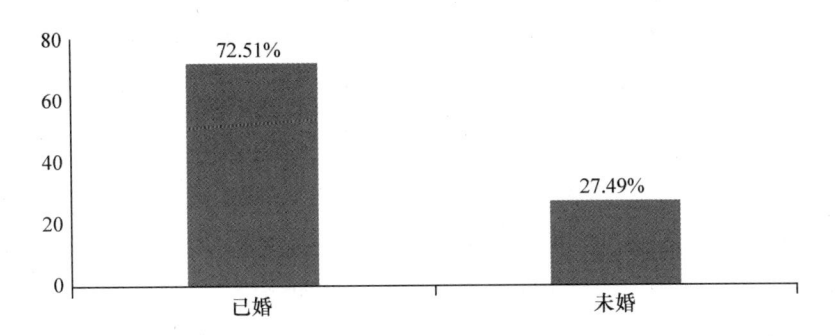

图 4-5 调查样本婚姻状况分布

图 4-5 显示，进入本次调查的辅导员婚姻状况大多为已婚，未婚者占少数。

（六）所属高校类别分布

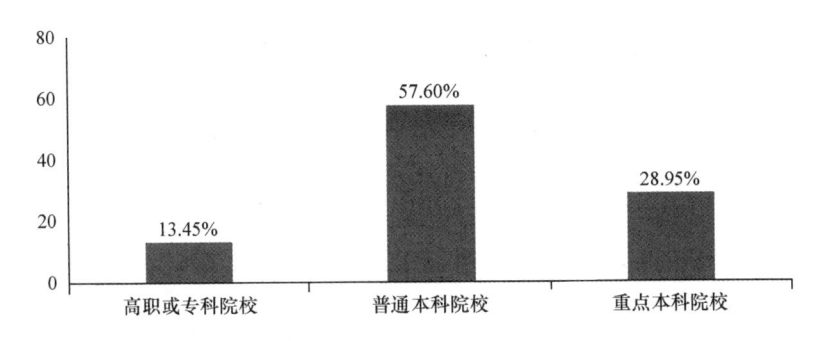

图 4-6 调查样本所属高校类别分布

由图 4-6 可以看到，进入本次调查的高校辅导员来自普通本科院校的居多，超过半数。其次是重点本科院校，来自高职高专院校的相对较少。

二　高校辅导员职业价值观总体情况

在通过网络平台发布的高校辅导员职业价值观正式问卷中，请配合调查的辅导员评价问卷各条目对于其心目中理想职业的重要性。采用5点评分，1、2、3、4、5分别对应"很不重要""不太重要""有点重要""比较重要""非常重要"。前文已经介绍，我们发现高校辅导员职业价值观的结构由能力发挥、薪资待遇、社会价值、工作环境四个因素构成。配合调查的辅导员在某个因素上的平均评分大于或等于4，表明辅导员认为这一因素"比较重要"或"非常重要"。现将各因素平均评分大于或等于4的人数及百分比列于表4-1。

表4-1　高校辅导员职业价值观各因素平均评分≥4的人数及百分比

	社会价值	能力发挥	薪资待遇	工作环境
人数	283	241	219	166
百分比（%）	82.7	70.5	64.0	48.5

表4-1显示，总体而言，高校辅导员在评价职业时，按人数百分比排序，较为看重的方面依次为社会价值、能力发挥、薪资待遇、工作环境。

进一步考察辅导员对问卷各条目的评分，按各条目的平均分高低排序，将平均评分排在前10位的条目与平均评分排在后10位的条目列于表4-2。

由表4-2可以更为具体地看到，高分条目绝大多数与精神需要的满足直接相关，低分条目则多数与外在需要的满足相关。比如，重要性评分排在前三位的条目是"对他人有帮助""工作有价值感""自己能够胜任"，重要性评分排在后三位的条目是"经济收入较高""管理不能过严""工作单位在较好的城市"。这表明，总体而言，高校辅导员更为看重的是内在价值和精神需求的满足,外在价值和物质需求满足的重要性相对较低。这是一个十分令人可喜的现象。

表4-2　高校辅导员职业价值观问卷高分条目与低分条目

高分条目	平均分	低分条目	平均分
对他人有帮助	4.41	个人兴趣爱好与职业发展密切相关	4.04
工作有价值感	4.40	收入回报与工作投入成正比	4.01
自己能够胜任	4.38	薪酬制度科学合理	4.01
能为社会发展做出一定贡献	4.35	有明确的晋升途径	3.99
与自己的世界观、人生观、价值观相契合	4.27	工作时间能够灵活一些	3.91
能够发挥自己的优势和特长	4.24	有较多假期	3.90
能促进自己各方面的进步	4.24	福利待遇较好	3.90
工作具有稳定性	4.23	经济收入较高	3.87
能挖掘个人潜力	4.23	管理不能过严	3.85
能使人从中得到快乐	4.23	工作单位在较好的城市	3.66

人们通常认为,受市场经济的影响,"80后""90后"的年轻人会更加重视外在价值和物质需要的满足,然而,我们调查发现,"80后""90后"占多数的高校辅导员群体,总体上有着非常积极正向的职业价值观。

有研究者对高校辅导员职业价值观进行研究,发现高校辅导员在职业价值观各维度中平均分最高的是社会贡献取向(潘登,2009)。另有一项研究对高校辅导员职业价值观进行考察,发现将"利他奉献"放在第一位的辅导员占调查总人数的41%,也反映了不少辅导员有着积极的职业价值取向(苗耀辉、姚奎栋、史丹,2013)。

对于这一令人可喜的现象,可以用马斯洛的需要层次论予以很好的解释。人本主义心理学家马斯洛将人类的需要分为由低到高五个层级:生存需要、安全需要、归属与爱的需要、尊重需要、自我实现的需要。

其中，生存需要和安全需要属于物质方面的、较低层次的需要，归属与爱的需要、尊重需要、自我实现的需要属于精神方面的、较高层次的需要。马斯洛认为，人的需要满足递进的规律，在较低层次需要得到满足之前，较高层次需要的强度相对较弱，不会成为主导需要；当低层次需要获得相对满足后，较高层次的需要就会占据主导地位（彭运石，1999）。在我国改革开放40年后的今天，经济社会发展取得了前所未有的成就，人们的生存需要和安全需要相对而言得到了较好满足，包括尊重需要、自我实现的需要在内的高层次需要越来越成为更多人的主导需要。这在受教育程度较高的高校辅导员群体中也得到了充分的体现。从本次高校辅导员职业价值观现状调查来看，更多的高校辅导员看重"社会价值""能力发挥"，是与我国经济社会发展的大背景相一致的。

第二节　高校辅导员职业价值观比较分析

已有的研究表明，年龄、性别、职业、受教育程度等不同的群体，在职业价值观方面会存在着差异（潘静洲，2016）。比如大量研究发现，不同年龄的人群会持有不同的职业价值观（Aldag et al.，1975），但很多研究得出了不同的甚至相反的结论。国内有学者研究表明，相对于年龄较大的人，年轻人更加看重自身成长、自我实现等内在价值（李元墩等，2001）；而韩国却有学者得出相反的结论，即随着年龄的增长，人们会更加重视内在价值而非外在价值（潘静洲，2016）。从性别来看，一些研究表明，男性比女性更为看重外在报酬，女性更在意内在报酬（Kalleberg，1997；黄国隆，1995）。米勒（Miller，1974）通过研究发现，相对于男性，女性更为看重利他主义、环境和成就三方面的内容。中国台湾也有一项研究表明，在职业价值观调查中，女性在自我成长等内在因素上的得分显著高于男性（潘静洲，2016）。从受教育程度来看，克拉伯格（Kalleberg，1997）认为，受教育程度不同会使人们形成不同的职业价值观。从婚姻状况来看，海尔等（Hair et al., 2009）研究发现，对于男性，已婚者和未婚者在职业价值观上存在显著差异；而已婚女性和未婚女性在职业价值观上的差异不显著。那么，高校辅导员的职业价值观是否会因性别、年龄、受教育程度、婚姻状况等不同而存在差异呢？我们对不同高校辅导员群体的职业价值观进行了比较与分析。

一 不同性别高校辅导员职业价值观比较

将不同性别高校辅导员在能力发挥、薪资待遇、社会价值和工作环境四个职业价值观维度上的比较列于表4-3。

表4-3 不同性别高校辅导员职业价值观维度比较（M±SD）

职业价值观维度	男 均值	男 标准差	女 均值	女 标准差	t值	P值
能力发挥	37.28	7.17	38.46	6.08	1.64	0.103
薪资待遇	23.79	6.04	24.06	5.99	0.41	0.683
社会价值	17.46	2.48	17.31	2.28	0.58	0.562
工作环境	15.27	2.87	15.35	2.96	0.24	0.808

统计数据显示，不同性别的高校辅导员对这四个因素的看重程度不存在显著差异。

进一步考察不同性别的高校辅导员对职业价值观问卷中的具体条目评分是否存在显著差异，将存在显著差异的条目列于表4-4。

表4-4 不同性别高校辅导员评分存在显著差异的职业价值观条目（M±SD）

职业价值观条目	男 均值	男 标准差	女 均值	女 标准差	t值	P值
个人兴趣爱好与职业发展密切相关	3.92	0.98	4.12	0.88	2.02	0.044
能为社会发展做出一定贡献	4.44	0.73	4.27	0.75	2.12	0.035

由表4-4可见，不同性别的高校辅导员在两个职业价值观具体条目上的差异显著。其中，女性辅导员更为看重"个人兴趣爱好与职业发展密切相关"，男性辅导员更为看重"能为社会发展做出一定贡献"。这与有的研究所发现的男性比女性更为看重外在报酬，女性更在意内在报酬的结果不完全一致。这种研究结果的不一致可能与文化背景、时代背景、研究对象具体构成等不同有关。不过仅就我们的研究结果来看，男女辅导员在这两个条目上的差异既与性别特质相关，也与我国传统文化对男女两性的不同影响有关。

二 不同年龄段高校辅导员职业价值观比较

通常，随着年龄的增长，人们的职业价值观可能会发生一定的变化。那么，在我们的研究中不同年龄段的高校辅导员在职业价值观上会有所不同吗？对不同年龄高校辅导员职业价值观的比较结果如表4-5所示。

表4-5 不同年龄段高校辅导员职业价值观维度比较（M±SD）

职业价值观维度	25岁以下 均值	25岁以下 标准差	25—34岁 均值	25—34岁 标准差	35—44岁 均值	35—44岁 标准差	45岁及以上 均值	45岁及以上 标准差	F值	P值
能力发挥	39.46	4.67	37.73	6.49	38.38	6.85	35.89	9.96	0.93	0.429
薪资待遇	25.83	3.35	23.78	6.30	23.79	5.84	24.56	5.53	0.89	0.444
社会价值	17.79	1.96	17.20	2.35	17.69	2.44	17.44	2.74	1.15	0.328
工作环境	15.71	2.42	15.23	2.92	15.47	3.01	14.89	3.48	0.34	0.795

由表4-5可见，不同年龄段的高校辅导员对能力发挥、薪资待遇、社会价值和工作环境这几个因素的看重程度均没有显著差异。但对于职业价值观问卷中一些具体条目的评分，不同年龄段高校辅导员之间存在一定的差异（结果如表4-6所示）。

表4-6 不同年龄段高校辅导员评分存在差异的职业价值观条目（M±SD）

职业价值观条目	25岁以下 均值	25岁以下 标准差	25—34岁 均值	25—34岁 标准差	35—44岁 均值	35—44岁 标准差	45岁及以上 均值	45岁及以上 标准差	F值	P值
1. 与自己的世界观、人生观、价值观相契合	4.58	0.58	4.22	0.83	4.34	0.84	3.89	1.54	2.16	0.092
2. 能为社会发展做出一定贡献	4.63	0.50	4.28	0.76	4.41	0.74	4.56	0.73	2.11	0.099
3. 能使人从中得到快乐	4.58	0.50	4.19	0.93	4.27	0.91	4.00	1.32	1.60	0.190
4. 管理不能过严	4.41	0.66	3.79	0.92	3.94	0.87	3.44	1.01	2.49	0.060
5. 有明确的晋升途径	4.46	0.72	3.91	1.26	4.03	1.17	4.22	0.97	1.69	0.168

从表4-6方差分析总的情况来看，不同年龄段高校辅导员在这几个条目上的评分差异未达到显著水平，但多重比较却发现，对于"与自己的世界观、人生观、价值观相契合"这一条目，25岁以下的辅导员平均评分显著高于45岁及以上的辅导员（$P=0.036$）。对于"能为社会发展做出一定贡献"和"有明确的晋升途径"这两条目，25岁以下的辅导员平均评分显著高于25—34岁的辅导员（P值均小于0.05）。对于"能使人从中得到快乐"和"管理不能过严"，25岁以下的辅导员平均评分显著高于25—34岁、45岁及以上的辅导员（P值均小于0.05）。

总体来看，有较多"90后"的年轻辅导员相对而言更为看重社会贡献、晋升路径、工作乐趣等因素，这与国内已有研究（李元墩等，2001）所发现的年轻人相对于年龄较大的人更加看重自身成长、自我实现等内在价值是一致的。分析其原因，"90后"的年轻辅导员多数属于独生子女，加之在他们出生的年代我国民众物质生活已大大改善且日益向好，因此他们是物质需要得到了更好满足的一代，而尊重需要、自我实现的需要就成为他们中多数人的主导需要。这种需要也会在他们的职业价值观中体现出来。

三 不同受教育程度高校辅导员职业价值观比较

在进入本次调查的高校辅导员中，受教育程度为大专的仅有1位，样本量太小，不具有代表性，因此在这里只对受教育程度为本科、硕士和博士的高校辅导员的职业价值观进行比较（比较结果如表4-7所示）。

表4-7 不同受教育程度高校辅导员职业价值观维度比较（M±SD）

职业价值观维度	本科 均值	本科 标准差	硕士 均值	硕士 标准差	博士 均值	博士 标准差	F值	P值
能力发挥	38.12	6.54	38.20	6.46	31.75	6.98	5.71	0.004
薪资待遇	24.40	4.94	24.10	6.09	18.67	5.40	4.96	0.007
社会价值	17.26	2.79	17.46	2.24	15.67	3.03	3.42	0.034
工作环境	15.14	2.54	15.43	2.90	13.17	3.97	3.61	0.028

从表4-7可以看到，不同受教育程度的高校辅导员在能力发挥、薪资待遇、社会价值、工作环境四个维度上的平均分均存在显著差异，且均为受教育程度为博士的辅导员平均分低于受教育程度为本科和硕士的辅导员。也就是说，受教育程度为本科和硕士的辅导员对这四个因素的看重程度相对而言要高于受教育程度为博士的辅导员。这一发现似乎不符合常理，但仔细分析，是有其理由的。从本次调查的样本分布来看，绝大多数高校辅导员受教育程度为硕士，30岁左右的年轻人居多，从事辅导员工作在5年以下的居多，也就是说，多数辅导员都是最近几年入职的。众所周知，多数高校近年来招聘辅导员的基本条件为优秀应届硕士毕业生，要求学习期间担任过主要学生干

部且表现优秀,有良好的学业成绩、工作业绩等。而且求职应聘时竞争非常激烈,进入高校工作的辅导员多是在优中选优的过程中脱颖而出的。因此他们在评价和选择职业时对职业价值观问卷中所涉及的这几个因素通常是较为看重的。博士毕业生之所以选择做辅导员,原因可能是多方面的,其中一个原因可能是相对于选择教学、科研等岗位的博士毕业生以及受教育程度为本科和硕士的辅导员,他们对这几个因素的看重程度存在差异。

为了进一步考察不同受教育程度的高校辅导员在职业价值观上存在差异的原因,现对不同受教育程度的高校辅导员在职业价值观正式问卷所有23个条目上的评分进行比较(结果如表4-8所示)。

表4-8 不同受教育程度的高校辅导员职业价值观具体条目比较(M±SD)

职业价值观条目	本科 均值	本科 标准差	硕士 均值	硕士 标准差	博士 均值	博士 标准差	F值	P值
1. 能够发挥自己的优势和特长	4.05	0.85	4.30	0.83	3.58	0.90	5.56	0.004
2. 工作有价值感	4.48	0.83	4.41	0.81	3.92	0.79	2.33	0.099
3. 能挖掘个人潜力	4.17	0.91	4.27	0.87	3.58	1.08	3.57	0.029
4. 与个人的奋斗目标一致	4.12	0.99	4.23	0.91	3.17	1.19	7.67	0.001
5. 能促进自己各方面的进步	4.26	0.77	4.27	0.88	3.58	1.31	3.45	0.033
6. 个人兴趣爱好与职业发展密切相关	4.02	0.95	4.07	0.90	3.17	1.12	5.65	0.004
7. 自己能够胜任	4.24	0.85	4.41	0.66	4.25	0.62	1.38	0.253
8. 有施展自己想法的空间	4.31	0.84	4.13	0.86	3.50	0.91	4.16	0.016
9. 与自己的世界观、人生观、价值观相契合	4.38	0.80	4.27	0.84	3.75	1.14	2.64	0.073
10. 对他人有帮助	4.36	0.79	4.44	0.68	3.83	0.94	4.42	0.013
11. 能为社会发展做出一定贡献	4.43	0.67	4.35	0.74	3.83	0.95	3.16	0.044

续表

职业价值观条目	本科 均值	本科 标准差	硕士 均值	硕士 标准差	博士 均值	博士 标准差	F值	P值
12. 工作具有稳定性	4.24	1.03	4.25	0.76	3.75	0.97	2.25	0.107
13. 能使人从中得到快乐	4.33	0.75	4.25	0.92	3.50	1.09	4.22	0.015
14. 管理不能过严	3.81	0.80	3.88	0.89	3.25	1.22	2.91	0.056
15. 有较多假期	3.86	0.84	3.93	0.88	3.33	1.23	2.61	0.075
16. 工作单位在较好的城市	3.64	0.73	3.69	0.99	3.08	1.08	2.26	0.106
17. 工作时间能够灵活一些	3.83	0.99	3.93	0.95	3.50	0.91	1.34	0.263
18. 经济收入较高	3.83	0.96	3.91	1.06	3.08	1.08	3.61	0.028
19. 福利待遇较好	3.86	1.03	3.94	1.07	3.00	1.04	4.57	0.011
20. 薪酬制度科学合理	4.10	0.93	4.04	1.10	3.00	0.95	5.51	0.004
21. 收入回报与工作投入成正比	4.07	0.95	4.04	1.19	3.17	1.12	3.31	0.038
22. 有明确的晋升途径	4.14	0.90	4.00	1.24	3.17	0.94	3.18	0.043
23. 单位前景乐观	4.40	0.86	4.17	1.05	3.25	0.87	5.92	0.003

表4-8显示，从方差分析总的情况来看，不同受教育程度的高校辅导员在15个职业价值观具体条目上差异显著。这些条目既有体现内在价值的条目，也有涉及外在价值的条目。经多重比较发现，除这15个条目外，还有6个职业价值观具体条目评分在不同受教育程度的高校辅导员的两两比较当中差异显著（P值均小于0.05）。在这21个存在差异的职业价值观具体条目上，均为受教育程度为本科和硕士的高校辅导员评分显著高于受教育程度为博士的辅导员，或者是其中一项评分显著高于受教育程度为博士的辅导员。

从表4-8还可以看到，受教育程度为博士的辅导员除了对"自己能够胜任"这一具体条目的平均评分大于4之外，对其余条目的平均评分均介于3分到4分之间。也就是说，多数受教育程度为博士的高校辅导员比较看重自己能否胜任某项职业，而对于职业价值观问卷中其他涉及内在价值和外在价值的条目，多数受教育程度为博士的辅导员的重要程度评判介于"有点重要"和"比较重要"之间。古人说："淡泊以明志，宁静以致远"，这一结果是否表明多数受教育程度为博士的高校辅导员相对而言较为淡泊？对此尚需进一步验证。

由统计学知识知道，统计数据的标准差越大，表明样本内部个体差异就越大。由表4-8可见，对于职业价值观问卷中23个条目的评分，受教育程度为本科的辅导员在其中2个条目评分上的标准差相对较大，一是"工作具有稳定性"，另一是"福利待遇较好"，表明受教育程度为本科的辅导员只在这两条的看重程度上存在较大的个体差异。受教育程度为硕士的辅导员在6个条目评分上的标准差相对较大，包括"经济收入较高""福利待遇较好""薪酬制度科学合理""收入回报与工作投入成正比""有明确的晋升途径"和"单位前景乐观"，表明受教育程度为硕士的辅导员对这些外在价值的看重程度个体差异较大。而受教育程度为博士的辅导员在12个条目评分上的标准差相对较大，其中涉及内在价值的有"能挖掘个人潜力""与个人的奋斗目标一致""能促进自己各方面的进步""个人兴趣爱好与职业发展密切相关""与自己的世界观、人生观、价值观相契合"和"能使人从中得到快乐"，与外在价值相关的主要有"管理不能过严""有较多假期""工作单位在较好的城市""经济收入较高""福利待遇较好"以及"收入回报与工作投入成正比"。这表明并非所有受教育程度为博士的辅导员对职业价值观问卷中这些条目的看重程度均相对较低，而是存在较大的个体差异，有的人可能非常看重，而有的人则不太看重。另外，由于进入本次调查的受教育程度为博士的辅导员样本量相对较小，我们不能得出所有受教育程度为博士的辅导员对这些因素的看重程度均相对较低的结论。

四　不同工作年限高校辅导员职业价值观比较

高校辅导员的职业价值观是否会因从事该项工作的年限长短不同而有所不同？将不同工作年限的高校辅导员在职业价值观四个维度上的比较结果列于表4-9。

表4-9　不同工作年限高校辅导员职业价值观维度比较（M±SD）

职业价值观维度	5年以下 均值	5年以下 标准差	5—9年 均值	5—9年 标准差	10年及以上 均值	10年及以上 标准差	F值	P值
能力发挥	38.39	6.15	36.94	7.12	38.01	6.97	1.38	0.252
薪资待遇	24.37	5.63	23.19	7.03	23.72	5.71	1.17	0.312
社会价值	17.34	2.25	17.31	2.46	17.51	2.55	0.18	0.839
工作环境	15.35	2.91	15.37	3.02	15.18	2.88	0.11	0.896

由表4-9可见，不同工作年限的高校辅导员对能力发挥、薪资待遇、社会价值和工作环境四个因素的看重程度总体而言不存在显著差异。

进一步考察不同工作年限的高校辅导员对于职业价值观问卷中具体条目的评分是否存在显著差异，比较结果如表4-10所示。

表4-10　不同工作年限高校辅导员评分存在差异的职业价值观条目（M±SD）

职业价值观条目	5年以下 均值	5年以下 标准差	5—9年 均值	5—9年 标准差	10年及以上 均值	10年及以上 标准差	F值	P值
能够发挥自己的优势和特长	4.29	0.81	4.06	0.89	4.26	0.88	2.51	0.083
能挖掘个人潜力	4.34	0.76	4.05	1.06	4.15	0.96	3.51	0.031

在表4-10所列的两个条目中，尽管从总的方差分析结果来看，不同工作年限高校辅导员的评分差异并没有达到显著水平，但是在多重比较中发现，工作年限为5年以下的高校辅导员对"能够发挥自己的优势和特长"和"能挖掘个人潜力"这两个条目的评分显著高于工作年限为5—9年的高校辅导员（P值均小于0.05）。分析其原因，可能是入职时间较短的辅导员通常对所从事的工作抱有较高的热情和期待，希望在工作中将自己的潜能充分地发挥出来。入职时间在5—9年的高校辅导员，通常或多或少存在一定程度的职业倦怠，因此工

作热情可能会有所减退,因此对这两个条目的看重程度相对较低。而工作年限为 10 年及以上的高校辅导员,有的可能是一直热爱这份工作,这份工作已经较好地发挥了他们的优势,有的可能是已经适应了这份工作的方方面面,因此他们对这两个条目的看重程度总体而言居于中间水平。

五 不同婚姻状况高校辅导员职业价值观比较

有研究(Hair et al., 2009)表明,已婚者和未婚者在职业价值观上存在一定差异,这种差异在进入本次调查的高校辅导员中是否会有体现?现将不同婚姻状况高校辅导员在职业价值观四个维度上的比较结果列于表 4-11。

表 4-11 不同婚姻状况高校辅导员职业价值观维度比较 (M±SD)

职业价值观维度	已婚 均值	已婚 标准差	未婚 均值	未婚 标准差	t 值	P 值
能力发挥	37.84	6.82	38.30	5.92	0.58	0.565
薪资待遇	23.85	6.19	24.20	5.53	0.48	0.630
社会价值	17.36	2.49	17.40	1.98	0.18	0.861
工作环境	15.31	2.96	15.32	2.82	0.01	0.990

由表 4-11 可见,已婚和未婚的高校辅导员对能力发挥、薪资待遇、社会价值和工作环境四个因素的看重程度总体而言不存在显著差异。对不同婚姻状况高校辅导员在职业价值观问卷 23 个具体条目上的评分进行比较,也未发现存在显著差异的条目。这一方面可能表明婚姻状况对高校辅导员的职业价值观没有明显影响,另一方面有可能与我们的研究未将已婚样本再进一步区分为已婚已育和已婚未育有关。因为已经养育孩子的辅导员和已婚未育的辅导员相比,通常会承担更多的来自家庭的责任,这可能会对他们的职业价值观产生一定的

影响。这是有待未来进一步研究的一个方面。

六 来自不同类别高校的辅导员职业价值观比较

我们将辅导员所在高校划分为高职高专院校、普通本科院校和重点本科院校三类。由于不同类别高校在招聘和选拔辅导员时标准和条件有所不同,不同类别高校的辅导员在具体构成上会有一定的差异,这种差异是否会在辅导员的职业价值观上有所体现?现将来自不同类别高校的辅导员在职业价值观四个维度上的比较结果列于表4-12。

表4-12 来自不同类别高校的辅导员职业价值观维度比较（M±SD）

职业价值观维度	高职高专院校 均值	高职高专院校 标准差	普通本科院校 均值	普通本科院校 标准差	重点本科院校 均值	重点本科院校 标准差	F值	P值
能力发挥	37.67	7.59	37.99	6.74	38.06	5.90	0.06	0.945
薪资待遇	24.33	6.67	23.78	5.93	24.12	5.89	0.21	0.815
社会价值	17.09	2.30	17.42	2.49	17.41	2.12	0.38	0.681
工作环境	15.50	3.01	15.27	3.07	15.33	2.53	0.12	0.887

表4-12显示,来自不同类别高校的辅导员对能力发挥、薪资待遇、社会价值和工作环境四个因素的看重程度不存在显著差异。再进一步考察来自不同类别高校的辅导员对职业价值观问卷中23个具体条目的评分是否存在显著差异,比较结果如表4-13所示。

表4-13 来自不同类别高校的辅导员评分存在差异的
职业价值观条目（M±SD）

职业价值观条目	高职高专院校 均值	高职高专院校 标准差	普通本科院校 均值	普通本科院校 标准差	重点本科院校 均值	重点本科院校 标准差	F值	P值
有施展自己想法的空间	4.15	0.94	4.05	0.90	4.29	0.71	2.36	0.096

由表4-13可以看到,尽管从总的方差分析结果来看,来自不同类别高校的辅导员对"有施展自己想法的空间"这一条目的评分差异并没有达到显著水平,但是在多重比较中发现,来自重点本科院校的辅导员对这一条目的评分显著高于来自普通本科院校的辅导员($P<0.05$)。存在这种差异的原因,可能与重点本科院校辅导员的构成有关,相比较而言,重点本科院校辅导员中的多数人可能在工作中更具有主动性和创造性,因此他们中会有更多的人希望在工作方式方法等方面能够体现出自主性。

第五章　高校辅导员工作幸福感现状调查

对于成年人而言，职业活动是生活中的核心内容，如果一个人不能从工作中获得幸福感，其整体幸福感水平都将受到负面影响。组织成员对工作的满意程度涉及职业声望、报酬水平与福利待遇、晋升与发展机会、受认可和赏识的程度、工作环境、领导者素质、同事关系、服务对象、胜任感与成就感、工作中的独立性、工作强度、政策与制度实施状况、工作的变化性与挑战性等多方面的因素（周国韬、盖笑松，2012）。

有研究者认为，工作幸福感保证了一个组织中成员个人目标的实现，展现了组织成员的积极力量，在此基础上组织目标也将得以顺利达成，因此，提升工作幸福感是提升个人和组织绩效的最佳方法（Daniels & Harris，2000；Wright，Cropanzano，Denney et al.，2002）。对于高校辅导员而言，较高的工作幸福感有助于他们更加积极主动并富有创造性地开展工作，充分发挥他们对于学生的教育和管理职能。有调查发现，大多数高校辅导员认为他们自己所从事的职业非常有价值，但他们认为辅导员与专职任课教师相比，无论是社会地位、受重视程度还是物质待遇与报酬都有很大的差距，半数辅导员认为他们的付出与回报不合理。部分辅导员认为社会和学校对辅导员工作不够认同和重视，自我价值没有得到很好体现（苗耀辉、姚奎栋、史丹，2013）。那么，高校辅导员群体的工作幸福感现状如何？对此开展较为全面、深入的调查将有助于高校和教育主管部门采取有针对性的措施，不断提升高校辅导员的工作幸福感，从而更好地发挥辅导员在高校教育工作中应有的作用。为此，我们采用所编制的高校辅导员工作幸福感问卷，面向国内不同高校的辅导员进行了抽样调查。

第一节 高校辅导员工作幸福感总体情况

一 调查样本基本信息

高校辅导员工作幸福感现状调查回收有效问卷342份，样本构成与高校辅导员职业价值观调查的样本相同，在第四章第一节已采用柱状图的形式加以呈现，在此不再重复。

二 高校辅导员工作幸福感总体情况

在通过网络平台发布的高校辅导员工作幸福感正式问卷中，请配合调查的辅导员评价问卷各条目是不是其工作幸福感的来源。这里需要说明的是，工作幸福感正式问卷中的所有条目，都是在问卷编制阶段经过高校辅导员评定的对于他们工作幸福感比较重要或非常重要的条目。问卷采用5点评分，1、2、3、4、5分别对应"很不符合""不太符合""有点符合""比较符合""非常符合"。我们研究发现高校辅导员工作幸福感的结构是由共同成长、师生情感、工作成就、环境宽松、发展空间五个因素构成的。配合调查的辅导员在某个因素上的平均评分大于或等于4，表明与辅导员所认为的这一因素是其工作幸福感来源的符合程度为"比较符合"或"非常符合"。现将高校辅导员工作幸福感总均分及各因素均分大于或等于4的人数及百分比列于表5-1。

表 5-1 高校辅导员工作幸福感总均分及各因素均分≥4 的人数及百分比

	工作幸福感总均分	共同成长	师生情感	工作成就	发展空间	环境宽松
人数	188	270	225	224	180	147
百分比（%）	55.0	78.9	65.8	65.5	52.6	43.0

由表 5-1 可以看到，所调查的高校辅导员工作幸福感总均分大于或等于 4 的人数百分比为 55%，这表明高校辅导员工作幸福感较高者刚刚过半，近半数辅导员的工作幸福感有待提升。

同时，按人数百分比排序，高校辅导员工作幸福感的来源依次为共同成长、师生情感、工作成就、发展空间、环境宽松。

从具体的百分百来看，有 78.9% 的辅导员工作幸福感来源于和学生共同成长，只有 43.0% 的辅导员工作幸福感来源于环境宽松，也就是说，有 57% 的高校辅导员感到环境不够宽松。

在访谈过程中也可以感受到环境不够宽松明显影响到了高校辅导员的工作幸福感。以下是一位来自普通本科院校的优秀辅导员在访谈中所表达的感受：

我之所以选择做辅导员，主要是因为我喜欢做学生工作；再有就是在高校工作，比较受人尊重；另外就是离家比较近。我入职以来这几个因素都没有改变，但由于领导更换后，工作环境发生了变化，工作幸福感明显降低了。

学生出事比较多，校领导骂辅导员；个别辅导员素质比较低，有人骂所有辅导员。

现在有的辅导员一人带六七百个学生，很难关注到每个学生，学生也不可能事事都愿意找辅导员，很少有学生愿意主动与辅导员沟通。跟辅导员感情比较好的学生，往往是共同经历过事情的，比如生病住院关心他了、帮他解决心理问题了。学校搞心理危机排查，辅导员不可能关注到所有学生。但是,在个别学生出事后,辅导员就被通报批评,连带着学工办主任、副书记受批评,整个辅导员队伍被副校长批评,被校长批评。

现在工作中讲究的是"有痕工作",做了什么事情要留下痕迹,结果导致形式主义,造假,有时还让学生参与造假,对学生造成很不好的影响。

这些原因导致我近一年来工作幸福感下降很快。

现在辅导员们感到心很累。每天都要报告学生回宿舍的情况,晚上11:30才能休息。现在学生撒谎得更多了,往往不如实上报,报告慢慢流于形式。学生想请假,如果得不到批准,反过来就不支持辅导员的工作。辅导员夹在领导和学生之间很为难,很难有幸福感。

还有,有的学院教师很尊重辅导员,觉得辅导员挺辛苦。但有的学院,比如一些比较重视科研的学院,教师对辅导员就不够尊重,辅导员地位很低。很多本不该由辅导员做的工作,都派给了辅导员。辅导员这么辛苦,仍然得不到应有的尊重和认可。

有的辅导员想转岗,但几乎没有可能。学生出事了,是你辅导员工作没做好;学生出彩了,这是你分内的事。你想转岗,没门。

我老公现在的愿望是,你健健康康就好,别累垮了。而有的女辅导员可能缺乏这种来自家庭的支持,老公很忙,会埋怨你不照顾家,这是有的女辅导员工作幸福感低的重要原因。有的女辅导员带着孩子加班,有的把孩子扔给公公、婆婆。

辅导员有时需要值夜班,晚上11点多才回家。我的一位女辅导员朋友值完夜班回去时,要走地下车库,心里很害怕。大家都知道滴滴车出事的事情。领导担心学生的安全,却没人担心辅导员的安全,让人很寒心。

我现在开学上班前就开始焦虑、失眠,还连带着老公睡不好觉,主要是因为和现在的领导观念不一致,不适应领导的工作风格。比如我觉得如果学生问题不严重,就不应该轻易通报学生,而有的学生很有问题，因为主动跟领导认错，就可以不通报。你工作做早了，会被怀疑质量；做晚了，也会被指责。而且工作中几乎不可能体现自主性与创造性。

领导常常以能者多劳为理由，给布置很多分工之外的事情。上学期累得生病住院了，领导并没有真诚地表示关心，而是觉得你生病耽误了工作。你工作做得好，不会有表扬；工作出差错，就会挨批评。总之，只有批评，没有表扬；只有否定，没有肯定。我现在就像有人说的那样，上班比上坟心情还差。

这位辅导员所表达的感受，既有与她本人工作小环境有关的部分，也有与全体辅导员工作大环境有关的部分。我们可以看到，辅导员工作幸福感的高低，主要与心理环境有关，与精神层面的需要能否得到满足有关。这也让我们体会到，辅导员的工作幸福感是发展变化的，心理环境不好时，工作幸福感就会下降。相信当心理环境变好时，辅导员们的工作幸福感会得到提升。

有研究表明，从业人员的工作整体满意度，以及对工作特定方面比如薪酬、环境等的满意度，主要反映了个体在物质层面的体验，而积极情绪或消极情绪，以及潜能发挥和自我实现等，主要反映了个体在精神层面的感受（彭怡、陈红，2010；张兴贵、罗中正、严标宾，2012）。结合我们的调查结果与访谈，可以看到，高校辅导员的工作幸福感主要来源于精神层面需要的满足。前述高校辅导员职业价值观调查发现，更多高校辅导员看重的是"社会价值"和"能力发挥"，这也正是辅导员工作幸福感更多来源于精神层面的原因所在。

进一步考察所调查的高校辅导员对工作幸福感问卷各条目的评分，按各条目的平均分高低排序，将平均分排在前10位的条目与平均分排在后10位的条目列于表5-2。

表5-2　　高校辅导员工作幸福感问卷高分条目与低分条目

高分条目	平均分	低分条目	平均分
看到学生在自己帮助下进步与成长	4.45	工作稳定	4.04
学生的信任、理解和支持	4.42	毕业的学生一块回来看望自己	4.02
帮助困难学生渡过难关	4.40	家长对自己工作的认可	3.96
师生关系和谐	4.37	国家对辅导员工作重要性的认可	3.80
和学生以心换心的幸福感	4.35	有较多的学习和培训机会	3.72
能帮助学生解决学业、心理等方面的问题	4.33	有发展空间，有奔头	3.64
与学生一起成长	4.25	有满足业余爱好的时间	3.61
和学生在一起心态年轻	4.23	相对比较自由	3.49
在为学生付出时会感到快乐	4.19	有较为规律的作息	3.38
毕业学生的感谢和问候	4.18	不像中学老师压力那么大	3.36

由表5-2可以更为具体地看到，高分条目多数与学生成长、师生情感有关，而低分条目则多数与工作环境、发展空间有关。其中，平均分排在前三位的是"看到学生在自己帮助下进步与成长""学生的信任、理解和支持""帮助困难学生渡过难关"，平均分排在后三位的是"相对比较自由""有较为规律的作息""不像中学老师压力那么大"。这表明，尽管一方面不少高校辅导员在工作压力、环境宽松、发展空间等方面的满意度还有待提升，但他们仍然能在尽职尽责的工作中收获快乐、幸福与成就感。就像有的辅导员在电话访谈和开放式问卷调查中所提到的那样，辅导员工作带给他们的感受是"累并快乐着""痛并快乐着"，这样的辅导员不禁让我们心生敬意。

三　高校辅导员对工作的喜欢程度

由于工作幸福感通常会影响人们对所从事职业的喜欢程度，为了考察高校辅导员群体对自身工作的喜欢程度，调查问卷中设置了相关问题，以数字0代表"很不喜欢"，10代表"非常喜欢"，请配合调查的辅导员从 0 到 10 的数字中选择一个来代表其对辅导员工作的喜欢程度。

统计发现，所调查的高校辅导员对自身工作的喜欢程度平均分为 6.99，这表明从总体上看，高校辅导员群体对自身工作的喜欢程度还是比较高的。当然，个体之间喜欢程度会存在差异。不同喜欢程度的人数百分比如图 5-1 所示。

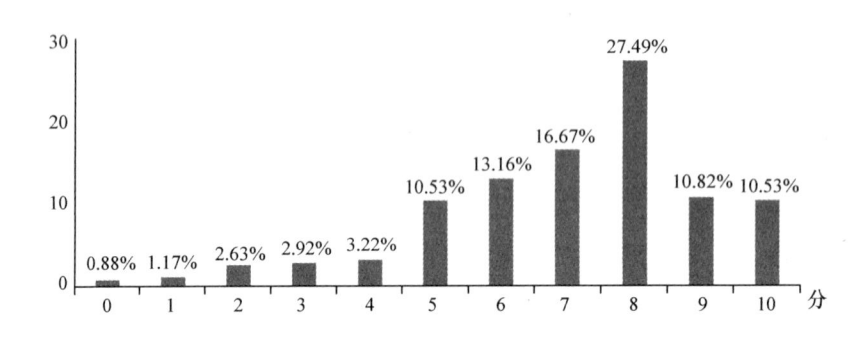

图 5-1　对辅导员工作不同喜欢程度的人数百分比

从图 5-1 可以看到，对自身工作喜欢程度为 8 分的辅导员居多，人数百分比为 27.49%，超过 1/4。喜欢程度为 10 分，非常喜欢自身工作的辅导员人数百分比为 10.53%。喜欢程度在 6 分及以上的辅导员累计人数百分比为 78.7%，表明多数辅导员都是比较喜欢自身工作的。喜欢程度在 5 分及以下的辅导员累计人数百分比为 21.3%，相对较少。喜欢程度为 0 分，很不喜欢该项工作的人数百分比为 0.88%，不足 1/100。

四　高校辅导员对工作的喜欢程度与工作幸福感的相关性

一般说来，在一项工作中体验到的幸福感越强，越有可能增加从业人员对该项工作的喜欢程度；反过来，一个人从事的是他自己喜欢的工作，更有可能在工作过程中体验到幸福感。也就是说，一个人对工作的喜欢程度与工作幸福感是相互影响的。那么，这种相互影响在高校辅导员群体中有着怎样的体现呢？将高校辅导员对工作的喜欢程度与工作幸福感总分及各维度的相关系数列于表5-3。

表5-3 高校辅导员对工作的喜欢程度与工作幸福感的相关系数

	工作喜欢程度	工作幸福感总分	共同成长	师生情感	工作成就	环境宽松	发展空间
工作喜欢程度	1						
工作幸福感总分	0.405**	1					
共同成长	0.287**	0.829**	1				
师生情感	0.333**	0.795**	0.710**	1			
工作成就	0.362**	0.913**	0.795**	0.738**	1		
环境宽松	0.272**	0.646**	0.267**	0.296**	0.449**	1	
发展空间	0.412**	0.855**	0.569**	0.566**	0.688**	0.654**	1

注：**$P<0.01$。

从表5-3可以看到，高校辅导员对自身工作的喜欢程度与工作幸福感总分及各维度均存在显著相关性，表明高校辅导员的工作幸福感与他们对自身工作的喜欢程度的确是相互影响的。

从工作幸福感各维度与高校辅导员对自身工作喜欢程度的相关系数大小来看，相关系数相对较高的是"发展空间"，相关系数相对较低的是"环境宽松"。因此，高校和教育主管部门在考虑如何提升高校辅导员对自身工作的喜欢程度时，首先需要考虑的也许是如何提升辅导员在"发展空间"上的获得感。当然，"环境宽松"与辅导员对自身工作喜欢程度的相关系数也达到了显著水平，因此也是高校在进行与辅导员有关的管理制度设计时不可忽视的方面。

第二节　高校辅导员工作幸福感比较分析

国外有研究表明，性别、年龄、婚姻状况、受教育程度等人口统计学变量会对个体的工作幸福感产生影响，但是众多研究者对于这些变量对工作幸福感的影响并没有得出一致的结论（Sale, Guppy, El-Sayed, 2000；Keyes, Shmotkin, Ryff, 2002；Warr, Butcher, Robertson, et al., 2011）。国内也有研究者考察了不同群体在工作幸福感上的差异，研究结果不尽相同（文峰，2006；吴彬，2013）。这与不同研究对工作幸福感的界定不同，所采用的研究方法不同，研究对象具体构成不同等因素有关。那么，在我们的研究中，性别、年龄、婚姻状况、工作年限、受教育程度等不同的高校辅导员在工作幸福感上是否存在差异呢？我们对不同高校辅导员群体的工作幸福感进行了比较与分析。

一　不同性别高校辅导员工作幸福感比较

将不同性别高校辅导员的工作幸福感总分以及在共同成长、师生情感、工作成就、环境宽松和发展空间五个工作幸福感维度上的比较列于表 5-4。

表 5-4　不同性别高校辅导员工作幸福感总分及维度比较（M±SD）

工作幸福感总分及维度	男 均值	男 标准差	女 均值	女 标准差	t 值	P 值
工作幸福感总分	164.01	28.32	164.26	27.14	0.08	0.934
共同成长	38.63	6.94	39.16	5.74	0.77	0.440
师生情感	20.38	4.05	20.49	4.09	0.26	0.797
工作成就	32.85	6.05	32.84	5.20	0.01	0.989
环境宽松	14.03	4.40	13.69	4.40	0.70	0.486
发展空间	19.20	4.60	19.04	4.80	0.31	0.755

由表5-4可以看到，不同性别的高校辅导员无论是工作幸福感总分还是在工作幸福感的五个方面，均不存在显著差异。对不同性别的高校辅导员在工作幸福感正式问卷31个具体条目上的评分进行比较，也未发现显著差异。

前文已经提到，工作幸福感会影响高校辅导员对自身工作的喜欢程度。对不同性别高校辅导员工作喜欢程度进行比较的结果如表5-5所示。

表5-5 不同性别高校辅导员对自身工作喜欢程度的比较（M±SD）

	男		女		t 值	P 值
	均值	标准差	均值	标准差		
对自身工作喜欢程度	7.37	1.96	6.71	2.19	2.86	0.005

由表5-5可见，男性辅导员对自身工作的喜欢程度总体而言高于女性辅导员。对于这一调查结果，我们与部分辅导员进行了交流。有辅导员认为，由于女性辅导员通常具备工作细心、认真、富有亲和力等特点，这让女性辅导员在工作中更受青睐，领导更愿意将琐碎、细致、繁杂的工作布置给女性辅导员，女性辅导员的特质让她们在工作中付出更多，占用了更多的时间和精力，但是女性在职务晋升等方面却不具备优势，由此可能会引发心理失衡。再有，女性对职场人际关系更为敏感，受工作氛围影响较大，而辅导员群体中女性居多，导致女性辅导员在人际关系处理方面占用了一定的精力。另外，女性在家庭中担负了更多的责任，尤其是在孩子年幼时期，女性辅导员会因为产假、家庭事务而牵扯更多精力，面对工作时疲惫感会更强，幸福感会受到一定的影响。还有的辅导员认为，男女辅导员对自身工作喜欢程度上的这种差异很重要的原因就在于发展前景的不同。的确，由于女性辅导员基数大，加之传统文化等因素的影响，女性辅导员更不容易脱颖而出，在职业方面的发展空间相对较小。这可能是导致部分

女性辅导员对工作的喜欢程度不如男性辅导员高的一个原因。

尽管工作中的某些因素影响了女性辅导员对工作的喜欢程度,但男女辅导员的工作幸福感差异总体而言并不显著,可能是由于在工作中其他方面所体验到的幸福感对女性辅导员起到了补偿作用,比如学生成长和师生情感。在我们的前期访谈中,无论是来自重点本科院校、普通本科院校还是高等职业院校的女性辅导员,在问及工作幸福感的来源时,提到学生是她们工作幸福感重要来源的均不在少数。例如一位女性辅导员的回答是:"工作中的幸福感最重要的就是来自于学生,比如说学生毕业之前很舍不得,学生的一个拥抱,写的留言,毕业后回校也会来看看辅导员,我都会觉得很开心。"另一位女性辅导员说:"最大的幸福感可能就是我所带的学生在校期间能取得更多的荣誉。"还有一位女性辅导员这样回答:"工作中的幸福感最大的不是金钱上的收入,不是领导赞赏,不是获奖,而是每年最后学校考评,学生给我打分满意度很高的时候,我感觉特别有幸福感。看到学生对我的依恋,学生对我的赞扬,就特别有幸福感。"

结合调查和访谈,我们可以看到,影响高校辅导员工作幸福感和对自身工作喜欢程度的因素是多方面的,因此要提升高校辅导员的工作幸福感也需要考虑多种多样的途径。

二 不同年龄段高校辅导员工作幸福感比较

高校辅导员所担负的是一份相当繁重的工作,有人说辅导员们通常是"两眼一睁,忙到熄灯",因此这项工作对辅导员的精力是一种考验。同时,教育部颁发的《普通高等学校辅导员队伍建设规定》指出,辅导员应当成为学生成长成才的人生导师,这又需要辅导员具备较为丰富的工作经验和人生阅历。因此年轻辅导员和年长一些的辅导员在工作中可能各有优势。那么不同年龄段的高校辅导员在工作幸福感上是否存在差异呢?现将不同年龄段高校辅导员的工作幸福感总分以及在工作幸福感五个维度上的比较列于表5-6。

表 5-6　不同年龄段高校辅导员工作幸福感总分及维度比较（M±SD）

工作幸福感总分及维度	25 岁以下 均值	标准差	25—34 岁 均值	标准差	35—44 岁 均值	标准差	45 岁及以上 均值	标准差	F 值	P 值
工作幸福感总分	161.21	28.14	164.29	27.19	165.87	29.03	152.11	22.45	0.77	0.509
共同成长	38.38	6.97	39.01	6.00	39.08	6.77	37.11	6.68	0.34	0.795
师生情感	20.38	4.65	20.21	4.02	21.19	4.07	19.22	3.23	1.48	0.221
工作成就	32.38	5.80	32.80	5.93	33.29	6.19	30.78	5.45	0.57	0.634
环境宽松	12.21	4.66	13.91	4.38	14.24	4.22	12.22	2.91	1.78	0.150
发展空间	19.29	3.88	19.28	4.71	18.81	4.99	17.22	3.99	0.70	0.553

由表 5-6 可以看到，不同年龄段的高校辅导员在工作幸福感总分和工作幸福感五个维度上均不存在显著差异。但是经多重比较发现，25 岁以下的辅导员在环境宽松这一维度上的平均分显著低于 35—44 岁的辅导员（$P<0.05$），也就是说，25 岁以下的年轻辅导员在环境宽松方面的满意度总体而言相对较低。25 岁以下的辅导员属于"90 后"，他们成长的家庭环境、学校环境以及社会环境与上一代辅导员的成长环境有所不同，这会导致他们对环境自由度的要求相对较高，因此较多的约束可能会降低他们在环境宽松方面的满意度和幸福感。

再进一步考察不同年龄段的高校辅导员在工作幸福感正式问卷 31 个具体条目上的评分是否存在显著差异，结果如表 5-7 所示。

表 5-7　不同年龄段高校辅导员评分存在差异的工作幸福感条目（M±SD）

工作幸福感条目	25 岁以下 均值	标准差	25—34 岁 均值	标准差	35—44 岁 均值	标准差	45 岁及以上 均值	标准差	F 值	P 值
不像中学老师压力那么大	2.92	1.38	3.35	1.27	3.51	1.29	3.22	0.97	1.41	0.240
有较为规律的作息	2.88	1.42	3.39	1.29	3.56	1.31	2.89	0.78	2.19	0.089
有较多的学习和培训机会	3.96	0.95	3.75	1.12	3.65	1.29	3.00	1.00	1.67	0.172

由表 5-7 可以看到，尽管从方差分析总的结果来看，不同年龄段的高校辅导员在所列的三个具体条目上差异不显著，但是，经多重比较发现，在"不像中学老师压力那么大"和"有较为规律的作息"这两个条目上，25 岁以下的辅导员平均分显著低于 35—44 岁的辅导员（$P<0.05$）。这是前文所述 25 岁以下的年轻辅导员在环境宽松方面的满意度总体而言相对较低的具体体现。不过，在"有较多的学习和培训机会"这一条目上，25 岁以下的辅导员平均分显著高于 45 岁及以上的辅导员（$P<0.05$）。这是因为新入职的年轻辅导员主观上渴望尽快适应工作，客观上他们也的确有更多的机会接受各种与工作相关的培训，因此他们对于有较多机会学习和接受培训这一点的满意度相对较高。

考察不同年龄段的高校辅导员对自身工作的喜欢程度，发现不存在显著差异。

三 不同受教育程度高校辅导员工作幸福感比较

同样，由于所调查的高校辅导员中，受教育程度为大专的辅导员仅有 1 位，不具有代表性，因此只对受教育程度为本科、硕士和博士的高校辅导员的工作幸福感进行比较，结果如表 5-8 所示。

表 5-8 不同受教育程度的高校辅导员工作幸福感总分及维度比较（M±SD）

工作幸福感总分及维度	本科均值	本科标准差	硕士均值	硕士标准差	博士均值	博士标准差	F 值	P 值
工作幸福感总分	162.00	29.27	165.44	26.72	140.67	33.67	4.89	0.008
共同成长	38.45	6.97	39.19	5.97	34.33	9.05	3.66	0.027
师生情感	20.19	4.40	20.59	3.90	17.67	5.84	3.11	0.046
工作成就	32.36	6.21	33.10	5.78	28.25	7.75	4.05	0.018
环境宽松	13.00	4.56	14.03	4.37	11.92	4.14	2.21	0.111
发展空间	19.12	4.21	19.25	4.75	15.67	4.56	3.38	0.035

由表 5-8 可见，不同受教育程度的高校辅导员在工作幸福感总分和共同成长、师生情感、工作成就、发展空间四个维度上存在显著差异，在环境宽松这一维度上差异不显著。经多重比较发现，受教育程度为博士的高校辅导员工作幸福感总分显著低于受教育程度为本科和硕士的高校辅导员，而受教育程度为本科和硕士的高校辅导员之间不存在显著差异。这表明受教育程度为博士的高校辅导员工作幸福感总体水平相对较低。

在有着显著差异的共同成长、师生情感、工作成就、发展空间四个维度上，也都是受教育程度为博士的高校辅导员平均分显著低于受教育程度为本科和硕士的高校辅导员，表明受教育程度为博士的辅导员在共同成长、师生情感、工作成就、发展空间这几个方面所体验到的幸福感相对较低。

进一步考察不同受教育程度的高校辅导员在工作幸福感问卷具体条目上的评分差异，比较结果如表 5-9 所示。

表 5-9　不同受教育程度高校辅导员评分存在显著差异的工作幸福感条目（M±SD）

工作幸福感条目	本科 均值	本科 标准差	硕士 均值	硕士 标准差	博士 均值	博士 标准差	F值	P值
1. 学生的信任、理解和支持	4.29	0.94	4.45	0.78	3.92	1.17	3.24	0.041
2. 能帮助学生解决学业、心理等方面的问题	4.29	0.92	4.36	0.75	3.75	1.06	3.52	0.031
3. 师生关系和谐	4.26	0.80	4.41	0.74	3.75	0.97	4.92	0.008
4. 看到学生在自己帮助下进步与成长	4.40	0.80	4.48	0.73	3.83	1.19	4.34	0.014
5. 工作取得成效	4.10	0.88	4.20	0.79	3.58	0.99	3.53	0.030
6. 在为学生付出时会感到快乐	4.24	0.82	4.20	0.85	3.58	1.08	3.11	0.046

续表

工作幸福感条目	本科 均值	本科 标准差	硕士 均值	硕士 标准差	博士 均值	博士 标准差	F 值	P 值
7. 工作有一定成就	3.93	1.02	4.16	0.89	3.50	1.00	3.99	0.019
8. 通过和青年人交流感受到自己的价值所在	4.12	0.97	4.18	0.84	3.42	0.99	4.58	0.011
9. 节日期间学生的问候与祝福	4.07	0.97	4.13	0.86	3.42	1.24	3.65	0.027
10. 毕业学生的感谢和问候	4.14	0.90	4.21	0.80	3.58	1.24	3.28	0.039
11. 有较多的学习和培训机会	3.71	0.92	3.76	1.18	2.83	1.12	3.76	0.024
12. 国家对辅导员工作重要性的认可	3.81	1.09	3.84	1.17	2.92	1.08	3.62	0.028

表5-9显示，不同受教育程度的高校辅导员在12个工作幸福感具体条目上评分存在显著差异。经多重比较发现，除这12个条目外，在对受教育程度为本科、硕士和博士的高校辅导员所进行的两两比较中，还有9个工作幸福感具体条目存在显著差异。在这21个存在显著差异的工作幸福感具体条目中，均为受教育程度为博士的辅导员平均分显著低于受教育程度为本科和硕士的辅导员。这些条目是前文提到的存在显著差异的共同成长、师生情感、工作成就、发展空间四个方面的具体体现。

受教育程度为本科和硕士的高校辅导员工作幸福感总体而言高于受教育程度为博士的辅导员，分析其原因，可能是受教育程度为本科和硕士的辅导员对于能进入高校工作，满意度相对较高，对辅导员工作的认同度也相对较高。而受教育程度为博士的辅导员，有的可能是博士毕业直接应聘担任高校辅导员工作，有的可能是入职后攻读博士学位的，无论是何种情况，他们对其职业规划和期待可能会与受教育程度为本科和硕士的辅导员有所不同，他们通常会希望自己的专业优势得到较好的发挥。有研究者提到，工作不仅是个人谋生的手段，而且是人们实现自身价值和获得幸福的重要源泉，职业发展是对人们工作幸福感影响最大的一个因素（孙健敏等，2015）。当现实与受教育程度为博士的辅导员对职业发展的期待存在差距时，他们的工作幸福感就可能受到影响。

除了职业发展外，还有一些因素可能会影响受教育程度为博士的辅导员的工作幸福感。从个性特质来看，多数受教育程度为博士的辅导员可能更倾向于潜心读书和研究，而辅导员工作中除了有大量琐碎事务外，还需要充满激情与活力地组织和参与各种各样的学生活动，这可能不是他们的优势所在。从工作压力来看，受教育程度为博士的辅导员多数是在重点本科院校，重点本科院校的学生教育和管理工作通常会面临更大的挑战。从社会比较来看，受教育程度为博士的辅导员往往会感到在学校的相对地位及受重视程度不如教学、科研岗位的教师。尽管我们对于高校辅导员职业价值观的调查和比较分析发现，受教育程度为博士的高校辅导员似乎相对而言较为淡泊，但在多种内在与外在因素的共同影响下，他们的工作幸福感总体来看有着更大的提升空间。

虽然不同受教育程度的高校辅导员在工作幸福感上存在差异，但统计显示，他们在对自身工作的喜欢程度上差异并不显著。

四　不同工作年限高校辅导员工作幸福感比较

有研究者提到，工作年限不同的高校辅导员在职业倦怠上存在显著差异，新入职的辅导员比工作年限较长的辅导员职业倦怠程度低，工作年限较长的辅导员相对而言更容易表现出烦躁、易怒等负面情绪。这是因为辅导员刚入职时，通常热情高涨，能够全身心地投入学生工作，而随着工作压力体验逐渐加深，工作热情减退，对学生工作失去新鲜感，职业倦怠就可能产生（何登溢，2016）。那么，不同工作年限的高校辅导员在工作幸福感上是否会存在显著差异呢？现将不同工作年限高校辅导员的工作幸福感总分及各维度的比较结果列于表5-10。

表5-10　不同工作年限的高校辅导员工作幸福感总分及维度比较（M±SD）

工作幸福感总分及维度	5年以下 均值	5年以下 标准差	5—9年 均值	5—9年 标准差	10年及以上 均值	10年及以上 标准差	F值	P值
工作幸福感总分	165.86	26.64	161.20	28.67	163.07	28.83	0.88	0.416
共同成长	39.19	5.95	38.52	6.19	38.73	7.14	0.38	0.688
师生情感	20.47	4.05	19.96	3.94	20.89	4.26	1.02	0.362
工作成就	33.22	5.66	32.21	6.12	32.58	6.52	0.90	0.408
环境宽松	13.99	4.37	13.62	4.61	13.68	4.27	0.26	0.770
发展空间	19.45	4.53	18.78	5.16	18.59	4.62	1.15	0.319

由表5-10可以看到，不同工作年限的高校辅导员在工作幸福感总分以及共同成长、师生情感、工作成就、环境宽松和发展空间五个维度上均不存在显著差异。分析其原因，可能与新入职的辅导员和工作年限较长的辅导员各有优势相关。新入职的辅导员通常富有工作热情，但工作经验相对缺乏，因此可能会体验到较多的挫败感。而工作年限较长的辅导员由于经验丰富，工作起来会更加得心应手，而且他们在共同成长、师生情感、工作成就方面可能已有更多的收获。因此，总体而言不同工作年限的高校辅导员在工作幸福感上差异并不显著。

进一步考察不同工作年限的高校辅导员在工作幸福感问卷具体条目上的评分是否存在显著差异，结果如表5-11所示。

表5-11　不同工作年限高校辅导员评分存在差异的工作幸福感条目（M±SD）

工作幸福感条目	5年以下 均值	5年以下 标准差	5—9年 均值	5—9年 标准差	10年及以上 均值	10年及以上 标准差	F值	P值
帮助困难学生渡过难关	4.46	0.71	4.25	0.78	4.41	0.78	2.33	0.099

表5-11显示，从方差分析总的结果来看，不同工作年限的高校辅导员在"帮助困难学生渡过难关"这一条目上的差异未达到显著水平。但是经多重比较发现，工作年限为5年以下的高校辅导员对这

一条目的评分显著高于工作年限为 5—9 年的高校辅导员（$P < 0.05$）。这可能是由于入职时间不长的辅导员富有工作热情，他们在顺利帮助学生解决困难之后，更容易收获成就感和幸福感。

对不同工作年限高校辅导员的工作喜欢程度进行比较，发现总体而言他们对自身工作的喜欢程度差异不显著。

五 不同婚姻状况高校辅导员工作幸福感比较

根据生活经验，人们通常认为结婚之后，尤其是养育孩子之后，由于要承担更多的家庭责任，可能会导致家庭与工作之间的冲突，会在一定程度上影响人们的工作幸福感。然而，有研究发现，婚姻能增进人们的工作幸福感，研究者认为这可能与已婚者能够获得更多来自家庭的支持有关（袁正、李玲，2017）。与此相类似，还有研究者以企业员工为对象，通过研究发现已婚员工的工作满意度、积极情感和工作幸福感显著高于未婚员工，所感受到的消极情感显著低于未婚员工（刘舒榕，2015）。那么，在我们的研究中，不同婚姻状况的高校辅导员在工作幸福感上是否有着显著差异？对不同婚姻状况的高校辅导员工作幸福感总分以及五个维度的比较结果如表 5-12 所示。

表 5-12 不同婚姻状况高校辅导员工作幸福感总分及维度比较（M±SD）

工作幸福感总分及维度	已婚 均值	已婚 标准差	未婚 均值	未婚 标准差	t 值	P 值
工作幸福感总分	164.21	28.70	163.99	24.63	0.07	0.947
共同成长	38.88	6.59	39.07	5.36	0.26	0.797
师生情感	20.54	4.02	20.19	4.21	0.70	0.485
工作成就	32.92	6.25	32.65	5.16	0.40	0.688
环境宽松	13.83	4.48	13.83	4.20	0.01	0.992
发展空间	19.09	4.84	19.16	4.36	0.12	0.901

由表5-12可以看到，不同婚姻状况的高校辅导员在工作幸福感总分以及共同成长、师生情感、工作成就、环境宽松和发展空间五个维度上均不存在显著差异。这与上面提到的两项研究所得出的结论存在不一致。分析其原因，可能与不同研究所采用的量表或调查问卷不同、研究对象具体构成不同等因素有关。高校辅导员属于知识型群体，已婚辅导员往往夫妻双方都会面临较为忙碌的工作任务，因此相对而言工作与家庭之间的冲突可能更为明显。另外，未婚辅导员总体而言较为年轻，工作中精力更加充沛；已婚辅导员相对而言年龄大一些，工作年限长一些，工作经验更为丰富。这种因为年龄原因而带来的工作中的不同优势，可能对于不同婚姻状况高校辅导员的工作幸福感起到了一种平衡作用，因此总体来看他们在工作幸福感上不存在显著差异。

对不同婚姻状况高校辅导员的工作幸福感具体条目评分进行比较，发现他们在各条目上的平均分差异均不显著。不同婚姻状况的高校辅导员对自身工作的喜欢程度总体上也不存在显著差异。

六 来自不同类别高校的辅导员工作幸福感比较

我们的调查对象来自高职高专院校、普通本科院校和重点本科院校三种不同类别的高校。由于不同类别的高校在工作环境、管理制度、薪资待遇等方面均会存在一些差异，这些差异是否会在辅导员工作幸福感上有所体现呢？现将来自不同类别高校的辅导员工作幸福感总分及各维度平均分的比较结果列于表5-13。

表5-13　来自不同类别高校的辅导员工作幸福感总分及维度比较（M±SD）

工作幸福感总分及维度	高职高专院校		普通本科院校		重点本科院校		F值	P值
	均值	标准差	均值	标准差	均值	标准差		
工作幸福感总分	160.89	29.87	165.34	28.75	163.19	23.80	0.56	0.569

续表

工作幸福感总分及维度	高职高专院校 均值	高职高专院校 标准差	普通本科院校 均值	普通本科院校 标准差	重点本科院校 均值	重点本科院校 标准差	F值	P值
共同成长	39.09	5.59	38.72	6.77	39.31	5.43	0.29	0.745
师生情感	20.26	3.93	20.52	4.20	20.35	3.89	0.11	0.896
工作成就	32.50	6.19	33.05	6.17	32.55	5.43	0.31	0.732
环境宽松	13.20	5.07	14.38	4.19	12.97	4.35	3.94	0.020
发展空间	18.17	6.11	19.41	4.68	18.93	3.92	1.38	0.252

由表5-13可以看到，来自不同类别高校的辅导员在工作幸福感总分以及共同成长、师生情感、工作成就和发展空间四个维度上不存在显著差异，在环境宽松这一维度上差异显著。经多重比较发现，来自普通本科院校的辅导员对环境宽松的平均分显著高于重点本科院校的辅导员。也就是说，重点本科院校的辅导员对于环境宽松的满意度相对较低。

再进一步考察来自不同类别高校的辅导员对工作幸福感正式问卷具体条目评分的差异，比较结果如表5-14所示。

表5-14 来自不同类别高校的辅导员评分存在显著差异的工作幸福感条目（M±SD）

工作幸福感条目	高职高专院校 均值	高职高专院校 标准差	普通本科院校 均值	普通本科院校 标准差	重点本科院校 均值	重点本科院校 标准差	F值	P值
有满足业余爱好的时间	3.28	1.29	3.73	1.11	3.50	1.11	3.44	0.033
不像中学老师压力那么大	3.33	1.43	3.51	1.24	3.04	1.24	4.49	0.012
有较为规律的作息	3.28	1.41	3.55	1.24	3.05	1.33	5.01	0.007

由表5-14可以看到，来自不同类别高校的辅导员在"有满足业余爱好的时间""不像中学老师压力那么大"和"有较为规律的作息"三个具体条目上存在显著差异。经多重比较发现，来自普通本科

院校的辅导员对于"有满足业余爱好的时间"的平均分显著高于来自高职高专院校的辅导员（$P<0.05$）。这可能是由于高职高专院校的辅导员在日常工作中业余时间被占用的情况相对更多。

而对于"不像中学老师压力那么大"和"有较为规律的作息"这两个条目，则是来自普通本科院校的辅导员平均分显著高于来自重点本科院校的辅导员（$P<0.01$）。这一方面可能正如前文所提到的那样，来自重点本科院校的辅导员在学生教育和管理工作中通常会面临更大的挑战，因此他们所感受到的工作压力可能相对会大一些；另一方面可能与重点本科院校的辅导员主观上对于减轻工作压力、作息规律的期望值相对较高有一定关系。

另外，从表5-14所列具体条目的分值来看，来自不同类别高校的辅导员对这三个条目的平均分都在4分以下（4分代表"比较符合"）。这表明，无论是高职高专院校、普通本科院校，还是重点本科院校，辅导员对于"有满足业余爱好的时间""不像中学老师压力那么大"和"有较为规律的作息"这几个方面的满意度均有待提升。

考察来自不同类别高校的辅导员对自身工作的喜欢程度，比较结果如表5-15所示。

表5-15　来自不同类别高校的辅导员对自身工作喜欢程度的比较（$M \pm SD$）

	高职高专院校		普通本科院校		重点本科院校		F值	P值
	均值	标准差	均值	标准差	均值	标准差		
对自身工作喜欢程度	5.96	2.65	7.20	1.97	7.04	2.01	6.70	0.001

由表5-15可以看到，来自不同类别高校的辅导员对自身工作的喜欢程度存在非常显著的差异。经多重比较发现，来自普通本科院校、重点本科院校的辅导员对自身工作的喜欢程度显著高于高职高专院校（$P<0.01$）。从分值来看，普通本科院校、重点本科院校的辅导员对自身工作的喜欢程度平均分都在7分以上（满分为10分），而

高职高专院校的辅导员对自身工作的喜欢程度平均分不到 6 分。分析原因，与前面提到的不同类别高校在工作环境、管理制度、薪资待遇等方面所存在的差异有较大关系。总体而言，高职高专院校在提升辅导员对自身工作的喜欢程度方面有更大的空间。

第六章　高校辅导员职业价值观与工作幸福感相互关系考察

工作幸福感是人们对于所从事工作的积极情感和认知评价。工作幸福感涉及从业人员对工作或工作环境各个方面的感受，包括对工作本身、工作量、工作报酬、工作场所的物理条件、同事关系、领导风格、职务晋升、组织政策等方面的感受（郑国娟、张丽娟，2006）。而职业价值观是人们衡量职业的优劣和重要性的内心尺度。很显然，职业价值观会对人们的工作幸福感产生影响。

关于个体幸福感的产生有许多理论流派，包括人格理论、判断理论、目标理论等。其中，判断理论与目标理论在解释个体幸福感的产生时都涉及了价值观的作用。判断理论认为，幸福感是个体将现实条件与某种标准进行比较时所产生的心理感受。当现实条件高于心目中的标准时，幸福感就高；反之，幸福感就低（李焰、赵君，2004）。但是，人们用来做比较的标准是多样化的，而其职业价值观就是其中的一个重要标准。当个体用其职业价值观作为标准来衡量工作的现实条件时，无疑会有自己独特的幸福感受。目标理论认为，幸福感产生于需要得到满足以及目标得到实现的时候。而职业价值观包含了个体的需求和目标，当其工作中的需求得到满足，目标得以实现时，个体就会感受到强烈的自我效能感，体会到人生意义的实现，从而提高个体的工作幸福感（刘凤香，2011）。

我们发现，高校辅导员的职业价值观包含能力发挥、薪资待遇、社会价值和工作环境四个维度，高校辅导员的工作幸福感包含共同成长、师生情感、工作成就、环境宽松和发展空间五个维度。那么，高校辅导员的职业价值观和工作幸福感以及所包含的维度之间存在怎样的关系呢？接下来将通过相关分析、回归分析以及路径分析来对高校辅导员职业价值观与工作幸福感之间的相互关系加以考察。

第一节　高校辅导员职业价值观与工作幸福感相关分析

相关分析（correlation analysis）是研究两个或两个以上处于同等地位的随机变量间相关关系的统计分析方法（刘江涛、刘立佳，2017）。对高校辅导员职业价值观和工作幸福感以及所包含的各维度进行相关分析的结果如表 6-1 所示。

表 6-1　　高校辅导员职业价值观与工作幸福感的相关性

	职业价值观	能力发挥	薪资待遇	社会价值	工作环境
工作幸福感	0.544**	0.549**	0.366**	0.586**	0.342**
共同成长	0.481**	0.532**	0.296**	0.518**	0.230**
师生情感	0.343**	0.384**	0.174**	0.448**	0.198**
工作成就	0.505**	0.529**	0.309**	0.576**	0.291**
环境宽松	0.401**	0.327**	0.327**	0.347**	0.392**
发展空间	0.469**	0.450**	0.367**	0.436**	0.275**

注：**$P<0.01$。

由表 6-1 可以看到，高校辅导员职业价值观与工作幸福感以及所包含的各维度之间均呈正相关，且相关程度均达到了显著水平，表明高校辅导员的职业价值观和工作幸福感之间确实存在着相互影响的关系。从相关程度高低来看,职业价值观所包含的因素"能力发挥"与工作幸福感所包含的"共同成长、师生情感、工作成就、环境宽松、发展空间"五个因素之间的相关系数在0.327—0.532,职业价值观所包含的因素"社会价值"与工作幸福感所包含的五个因素之间的相关系数在0.347—0.576;而职业价值观所包含的因素"薪资待遇"与工作幸福感所包含的五个因素之间的相关系数在0.174—0.367,职业价值观所包含的因素"工作环境"与工作幸福感所包含的五个因素之间的相关系数在0.198—0.392。这表明,看重"社会价值"和"能力发挥"与工作幸福感之间的相关度相对较高,也就是说,一个辅导员越是看重"社会价值"和"能力发挥",就越能够从工作中体验到幸福感。而看重"薪资待遇"和"工作环境"与工作幸福感的相关度相对较低,也就是说,"薪资待遇"和"工作环境"对于高校辅导员的工作幸福感来说,虽然不可忽视,但总体而言,其重要程度不及"社会价值"和"能力发挥"。

第二节 高校辅导员职业价值观与工作幸福感回归分析

回归分析(regression analysis)是确定两种或两种以上变量间相互依赖的定量关系的一种统计分析方法。由统计学原理可知,相关分析是回归分析的基础和前提,回归分析是相关分析的深入和继续。相关分析是依靠回归分析来表现变量之间数量相关的具体形式,而回归分析则需要依靠相关分析来表现变量之间数量变化的相关程度。在具体应用过程中,只有把相关分析和回归分析结合起来,才能更好地达到研究和分析的目的(吴有庆、童立华,2013)。

相关分析结果表明,高校辅导员职业价值观与工作幸福感以及所包含的各维度之间存在显著相关性,为了进一步检验高校辅导员职业价值观各维度能否显著预测高校辅导员的工作幸福感，并检验其预测力，我们以职业价值观所包含的能力发挥、薪资待遇、社会价值和工作环境四个维度为自变量，以工作幸福感总分为因变量，进行逐步回归分析，统计分析结果如表6-2所示。

表6-2　职业价值观各维度对工作幸福感总分的逐步回归分析结果

因变量	自变量	β	t 值	P 值	R	R^2	ΔR^2
工作幸福感					0.632	0.400	0.396
	社会价值	0.400	7.459	0.000			
	能力发挥	0.301	5.614	0.000			

从表6-2可以看到，以高校辅导员职业价值观的四个维度作为自变量预测工作幸福感时，进入回归方程的变量有两个，即社会价值和能力发挥，其联合解释变异量为0.396，也就是说，解释率为39.6%，表明高校辅导员职业价值观所包含的社会价值、能力发挥这两个维度能联合预测工作幸福感39.6%的变异量。这一发现与关于幸福感产生的目标理论所持观点是一致的，也就是说，由于许多高校辅导员更为看重的是社会价值和能力发挥，如果他们的社会价值在工作中能够得到更好的体现，他们的能力就能够得到更好的发挥，那么他们的工作幸福感就会得到提升。

由逐步回归分析结果知道，高校辅导员职业价值观所包含的社会价值、能力发挥这两个维度能够显著预测高校辅导员的工作幸福感，那么，高校辅导员工作幸福感所包含的共同成长、师生情感、工作成就、环境宽松、发展空间五个维度是否会显著影响高校辅导员的职业价值观呢？以工作幸福感各维度为自变量，以职业价值观总分为因变量，进行逐步回归分析，统计分析结果如表6-3所示。

表6-3　工作幸福感各维度对职业价值观总分的逐步回归分析结果

因变量	自变量	β	t 值	P 值	R	R^2	ΔR^2
职业价值观					0.566	0.320	0.314
	工作成就	0.174	2.158	0.032			
	环境宽松	0.249	4.888	0.000			
	共同成长	0.276	3.682	0.000			

由表6-3可以看到,以高校辅导员工作幸福感的五个维度作为自变量预测职业价值观时,进入回归方程的变量有三个,分别是共同成长、环境宽松和工作成就,其联合解释变异量为0.314,也就是说,解释率为31.4%,表明高校辅导员工作幸福感所包含的共同成长、环境宽松和工作成就这三个维度能联合预测职业价值观31.4%的变异量。

从上述两个逐步回归分析结果的解释率大小来看,高校辅导员职业价值观对工作幸福感的影响相对较大,而高校辅导员工作幸福感对职业价值观的影响相对较小。有研究者认为,与需要、态度、目标相比较而言,具有动机性的价值观由于在成年期变化不大,因此表现出相对的稳定性(Rohan,2000)。高校辅导员工作幸福感对职业价值观的影响相对较小,可能与职业价值观形成之后所具有的相对稳定性有关。

第三节　高校辅导员职业价值观与工作幸福感路径分析

心理与教育科学研究的一个重要目标就是揭示变量间的因果关系,路径分析(path analysis)技术可以在统计学上将变量间的相关系数所给出的定量信息以及研究者所掌握的关于因果关系的定性信息结合起来,给出对某种因果关系的定量解释(董奇、申继亮,2005)。

由于高校辅导员职业价值观对工作幸福感的影响相对较大,为了进一步深入考察高校辅导员职业价值观及其各维度对工作幸福感及其各维度的影响,我们采用路径分析方法,探讨高校辅导员职业价值观对工作幸福感的影响机制。

首先,以职业价值观总分为自变量,以工作幸福感总分为因变量,构建如图6-1所示的结构方程模型,以极大似然估计考察模型对数据的拟合情况。

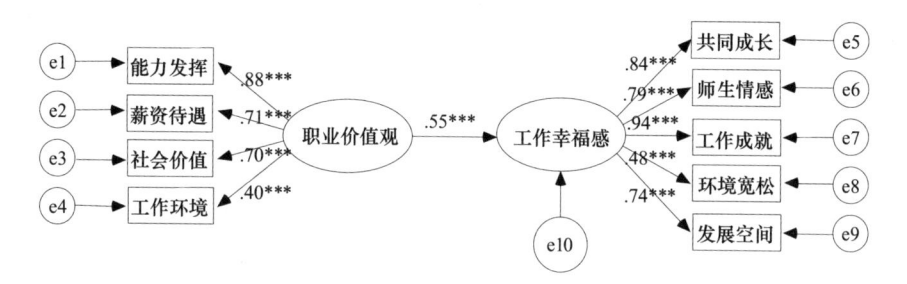

图6-1 职业价值观总分预测工作幸福感总分的路径模型

由图6-1可见,职业价值观总分能够显著正向预测工作幸福感总分（$P<0.001$）。模型的拟合指数如表6-4所示。

表6-4 高校辅导员职业价值观与工作幸福感总分的结构方程模型拟合指数

χ^2	df	χ^2/df	CFI	TLI	RMSEA
56.168	18	3.120	0.979	0.959	0.079

从表6-4的各项指标来看,我们所构建的模型对数据拟合较好,对高校辅导员职业价值观与工作幸福感总分的关系做出了较好的解释。

接下来以职业价值观各维度为自变量,以工作幸福感各维度为因变量，构建如图6-2所示的结构方程模型，以极大似然估计考察模型对数据的拟合情况，结果如表6-5所示。

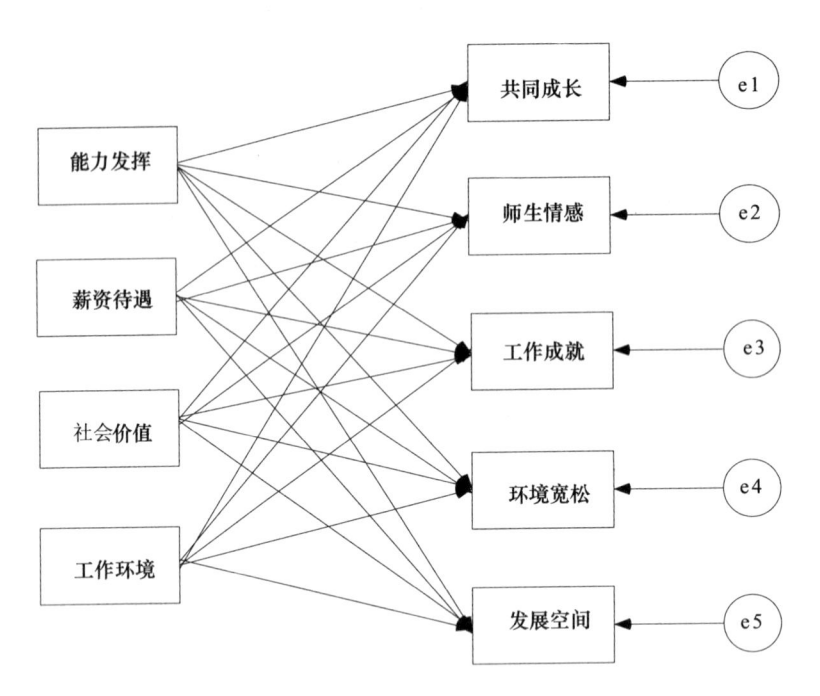

图6-2 职业价值观各维度预测工作幸福感各维度的路径模型

表6-5 高校辅导员职业价值观各维度对工作幸福感各维度的影响

因变量		自变量	估计值	标准误	决断值	P值
共同成长	<---	能力发挥	0.371	0.065	5.680	0.000
师生情感	<---	能力发挥	0.155	0.046	3.350	0.000
工作成就	<---	能力发挥	0.277	0.059	4.687	0.000
环境宽松	<---	能力发挥	0.027	0.051	0.520	0.603
发展空间	<---	能力发挥	0.138	0.051	2.715	0.007
共同成长	<---	薪资待遇	-0.009	0.068	-0.134	0.894
师生情感	<---	薪资待遇	-0.066	0.048	-1.362	0.173
工作成就	<---	薪资待遇	-0.012	0.062	-0.201	0.841

续表

因变量		自变量	估计值	标准误	决断值	P 值
环境宽松	<---	薪资待遇	0.068	0.053	1.276	0.202
发展空间	<---	薪资待遇	0.139	0.053	2.613	0.009
共同成长	<---	社会价值	0.898	0.155	5.796	0.000
师生情感	<---	社会价值	0.593	0.110	5.404	0.000
工作成就	<---	社会价值	1.054	0.140	7.513	0.000
环境宽松	<---	社会价值	0.333	0.121	2.753	0.006
发展空间	<---	社会价值	0.565	0.120	4.695	0.000
共同成长	<---	工作环境	0.262	0.127	2.069	0.039
师生情感	<---	工作环境	-0.045	0.090	-0.503	0.615
工作成就	<---	工作环境	-0.110	0.115	-0.963	0.336
环境宽松	<---	工作环境	0.346	0.099	3.504	0.000
发展空间	<---	工作环境	-0.106	0.098	-1.079	0.281

由表6-5可以看到，高校辅导员职业价值观所包含的分维度"能力发挥"对工作幸福感所包含的共同成长、师生情感、工作成就和发展空间这几个维度具有显著的正向影响（P值均小于0.01）。也就是说，如果辅导员更为看重"能力发挥"，那么他们就能够从共同成长、师生情感、工作成就和发展空间几个方面收获工作幸福感。

高校辅导员职业价值观所包含的分维度"薪资待遇"对工作幸福感所包含的发展空间具有显著的正向影响（$P<0.01$）。对此，也许可以做这样的解读，如果高校辅导员在薪资待遇方面的需要得到了较好的满足，他们就可能会更加安心于他们的工作，不会产生谋求其他职业的想法，而是努力在现有岗位上争取更大的发展空间，从而体验到工作幸福感。

高校辅导员职业价值观所包含的分维度"社会价值"对工作幸福感所包含的共同成长、师生情感、工作成就、环境宽松和发展空间五个维度均具有显著的正向预测作用（P值均小于0.01）。也就是说，如果辅导员更为看重"社会价值",那么他们就更能够从共同成长、师生情感、工作成就、环境宽松和发展空间几个方面收获工作幸福感。

高校辅导员职业价值观所包含的分维度"工作环境"对工作幸福感所包含的共同成长和环境宽松这两个维度均具有显著的正向影响(P值均小于0.05)。由于高校辅导员职业价值观所包含的"工作环境"这一维度主要涉及的是心理环境,与物理环境有关的内容相对较少,因此可以认为,如果高校辅导员对于工作所处的心理环境和物理环境较为满意,那么他们工作起来就会更加舒心,就能更好地投入所从事的学生工作,从与学生共同成长中体验到工作幸福感。同样,如果高校辅导员对工作环境尤其是心理环境感到满意,他们就能从环境宽松方面体验到工作幸福感。

第七章 高校辅导员职业价值观培育与工作幸福感提升路径探讨

有研究者认为，价值观是人们生活的指导原则，时刻影响着人们的认知、情感和动机，与个体的幸福感有着非常密切的关系（周开济、鲁林、王映朝等，2017）。价值观是在个体社会化过程中形成的，一方面会受到社会政治、经济、道德、习俗、心态等因素的影响，另一方面也会受到个人个性特征的影响。概括起来，对价值观产生影响的既有外部因素，也有内部因素。外部因素主要包括家庭、学校、社会等因素，内部因素主要包括个人的需要、兴趣、能力、爱好、性格等。职业价值观作为价值观的一个组成部分，是一个人根据自身的特质、对职业的认识、个人的实践活动，同时经过自我调节、自我教育而逐渐形成并不断发展完善的（杨静、张进辅，2004）。在职业价值观形成与完善的过程中，环境影响的作用不可忽视。

我们从一系列的定量研究中已经发现，高校辅导员职业价值观与工作幸福感之间的确存在着密不可分的关系。尽管高校辅导员的职业价值观已经具有相对的稳定性，但是，在内部和外部因素的共同作用下，职业价值观仍然存在着发生变化的可能性。而工作幸福感则会受到工作特性、外部激励、组织环境等多种因素的影响（王佳艺、胡安安，2006；苗元江、冯骥、白苏妤，2009）。因此，为了促进高校辅导员职业价值观与工作幸福感之间的良性互动，探讨如何进一步培育高校辅导员积极正向的职业价值观，提升高校辅导员的工作幸福感，成为本书的一个重要内容。

第一节　关于提升辅导员工作幸福感的焦点小组访谈

提升工作幸福感是一项非常有价值的目标（邹琼、佐斌、代涛涛，2015）。无论是对于从事某项职业的个人，从业者的家庭、工作对象、工作单位，还是对于社会和谐与发展，提升工作幸福感都是非常重要的。具体到高校辅导员而言，提升工作幸福感的价值还体现为有助于提高他们的工作积极性，有助于大学生的成长与成才。因为教育不仅是知识的传播，同时还是情感的传递。拥有幸福感的辅导员既是幸福的缔造者，又是幸福的共享者，更是幸福的传播者。幸福感高的辅导员会传递给学生更多的正能量，这种正能量会转化成一种教育力量，对学生成长产生积极的影响。

由于我们的研究目标之一是探讨如何提升高校辅导员的工作幸福感，为了倾听辅导员的心声，更有针对性地探讨提升辅导员工作幸福感的路径，课题组进行了一次主题为"如何提升辅导员工作幸福感"的焦点小组访谈。

焦点小组访谈（focus group）是一种团体访谈法，在访谈中由一位主持人引导一小群人进行讨论，从而详细了解小组成员关于某一主题的所思所感（伯克、拉里，2014）。

参加本次焦点小组访谈的辅导员来自一所普通本科院校，除主持人外，成员共计15人。其中，男性4名，女性11名；从事辅导员工作的年限从1年到15年不等；有两名是学院分管学生工作的副书记。个别成员有两次发言，其余成员发言次数均为一次。一位成员发言内容与主题关联度较低，因此在这里不加以呈现。遵循保密原则，以F41、F42等符号代表参加小组访谈的辅导员。同样，在不影响受访者所表达原意的前提下，对小组访谈记录进行了适当的文字整理。以下是小组成员发言的核心内容。

F41：辅导员的幸福感从哪儿来？简单地从几个方面来讲，第一，成就感。成就感肯定是幸福感的一个来源，但是，成就感是什么呢？就是培养几个优秀的学生，但是这种成就感来得有点晚，特别是对年轻辅导员来说，短时间内根本感受不到幸福感在什么地方，更多的是忙碌、繁杂，会感觉这个工作特别没有价值。只能是到我们这个年龄即四十多岁的时候，带的学生多了，才会慢慢开始体会到这种成就感，所以我将这种幸福感分层次了，可能我现在可以感受到一点成就感，而对年轻的辅导员来说这一点可能感受不到。第二，我觉得作为一个辅导员的幸福感，从另一个层面来讲家庭很重要，家庭的幸福感会对辅导员工作的幸福感带来很大的促进，但是，现在的一个现实情况是，辅导员工作很忙、很累，如果说在辅导员工作上投入相当大的精力，比如说早出晚归，加班加点干活，一定会影响家庭幸福感，这个是肯定的。这个我有发言权，有的时候快乐，是工作时候的快乐，但有时候回去晚了，照顾不了家庭、孩子，对方还是有意见的，这在一定程度上会影响幸福感，所以说这也是一种矛盾。第三，我觉得这种幸福感就是对自己职业未来发展的一种期待。期待实现的可能性高，幸福感就高，未来发展如果比较迷茫，看不到未来的方向在什么地方，甚至在短时间内对未来没有什么期望了，那就不可能有幸福感。就现实而言，我们作为学生的辅导员，对现在的实际情况都非常清楚，因为我们对未来的期待也和学校的体制有关系，很多人干了好多年，都看不到所期待的未来，所以他们从中可能找不到幸福感。如果能找到的话，那可能是他们本身具有高度的责任感，这种责任感逼着他们要把工作完成好，感觉这样才对得起学生。所以这也是一个现实的矛盾。第四，我想幸福感就是来自于一种安全感，这种安全感是职业安全感。一个人感到他未来的职业发展是安全的，那他可能就是幸福的。和那些职业不安全的人相比，我们的收入比较稳定，各方面比较起来是安全的。但是，我一直在想这样一个问题，我们这些做专职辅导员的，除了做辅导员外，还能做什么？假设有一天，我们的岗位不再需要我们了，我们能干什么？如果这样想的话，那不但找不到幸福感，反而会有危机感。因为做学生工作时间长了，给人的感觉往往就是，除了做学生工作外，也不知道还能在哪些方面干得好，如果离开这个岗位还能干什么。所以说，我谈这四点是结合了我自己的切身感受和自身思考的，我觉得这四个方面即成就感、家庭幸福感、未来期待感、职业安全感，就是影响一个人工作幸福感很重要的方面。但是，看看我们的现实情况，这些又与现实发生了很多矛盾，所以，如果要提高辅导员的工作幸福感，还是要从现实出发，把这些矛盾在一定程度上加以解决，那我觉得幸福感就会有一定的提升。

F42：幸福是一个很感性的概念，它有很多共性的东西，也有很多个性的东西。每个人对幸福的认知程度是不一样的。同样的环境、同样的事情、同样的状态，有的人觉得幸福，有的人觉得不幸福。快乐和幸福是两码事，我们在一些情况下，可能会感到很快乐，但并不会觉得幸福，快乐和幸福不能画等号，而且幸福感的建立，会随着时间的推移，年龄的增长，慢慢地发生变化，像我们经常听说的，或者像微信里那些加强自己内心修养，调整心态，看得开、放得下等说法。归结起来，幸福感有时候和一个人的价值观是有很大联系的。说起价值观，我们感觉可能很高大上，但其实，它就是实实在在地在我们身边的。比如说，两个人之间的婚姻是否幸福，在很大程度上取决于两个人之间的价值观是不是相同，性格完全不一样的两个人，一个性子特别急，一个性子特别慢，为什么他们在一起仍然很幸福？因为他们的价值观是一样的。所以我觉得幸福在很大程度上取决于自己的价值观。对待得失的态度，对事物的认知角度，决定了我们的幸福感。但是，从我们分管学生工作的角度来说，要给辅导员创造这种能够提升幸福感的环境和条件，争取一些待遇。像刚才所说的这种安全感，缓解职业焦虑，应该怎么做呢？举个简单的例子来说，我们都遇到过这种情况，学生有了急病，家长都不在身边，这个时候就需要你自己垫付医疗费用，在这种情况下，学校能不能有一种体制来保证辅导员不会因垫付的这个费用而产生焦虑，因为有些通情达理的家长会很快还给你，但是，如果家长不通情达理呢？学校有没有设立这么一种机制？所以我们要提升工作幸福感，可以从自身角度来看待这件事，让自己相对地更乐观一点，幸福感更强一点，但从学校角度来说，实际上还是应该从体制上、机制上给予保证，就是不要把这些日常的焦虑变成个人的东西，而成为一种制度保证的东西。像刚才所说的职业安全感、焦虑的排解等应该是从学校这个角度来做的，不能单纯地由我个人认为幸福就是幸福。从个人心理方面来说，我们可以让自己成为乐观的人。

这位小组成员在发言中提到了幸福感与价值观的关系，认为对待得失的态度、对事物的认知角度，影响着一个人的幸福感，与我们研究的出发点有不谋而合之处。

F43：现在辅导员的幸福指数不是很高，有很多原因。除了主观原因外，客观原因有很多，像学校内部的一些机制问题，比如对辅导员的评价机制、激励机制、认可机制，像学院老师对辅导员的偏见，认为小辅导员怎样怎样，辅导员得不到应有的尊重，认为辅导员就是应该干这种琐事的，比如有学生不去上课，老师就去找辅导员反映，说你们的学生又没来上课等，这些现象都是普遍存在的。这些都是造成辅导员幸福指数不高的原因。客观原因再多，也只是客观性的，主观上还需要我们自己去调节。有三个方面可以提高我们主观上的幸福指数：第一，可以提高我们的工作效率，改进工作方法。像我自己以前就感觉天天很累，有很多琐碎的事情，尤其前几年体会很深，前三年基本上每天都加班至少到六点半,有可能是方法的问题,就感觉每天都让自己陷入事务性的工作里,每天都在忙,但感觉每天忙来忙去还是没有多大的成就感,这可能是工作方法不对,工作效率不高。第二,就是正确地规划自己的职业方向。像有的老师从这个职业中可能就找到了这种成就感,在指导学生创业这方面很有成绩。而我自己就觉得很惭愧,找不到适合自己发展的一条路。今后还是应该尽快地规划自己的人生,在职业发展这块儿给自己定下一个目标,我觉得这对将来的发展、对自己的幸福感是有帮助的。第三,自身的调节。当你遇到不快乐的事情,或者你觉得很影响心情的事情时,要学会进行自我调节,包括培养个人的兴趣爱好,适时调整自己。我觉得主观因素是最重要的,幸福感还是要看自己怎么样去想,去看待。网上有几句话是这么说的:把辅导员工作当作自己的事业做,我们就有事业;把辅导员工作当作自己的快乐来做,我们就有快乐;把辅导员工作当作自己的价值来做,我们就有价值。

F44:可能是由于这几年的工作经历比较特殊,有很多事情,尤其是在工作方面,很多时候有很强烈的无力感、无奈感。很多东西只能被动地接受,不能改变什么,只能改变自身。有一句话特别触动我,幸福的能力就是取舍的能力、过滤的能力。所以,我也在慢慢地改变自己,改变不了的事情就接受,试着过滤掉、舍掉那些让自己不高兴、不开心的东西,像向日葵一样,向着美好的一面。工作也是一样,压力大的时候,但凡有一点空隙就释放自己,进行适当排解。排解完了还要复活过来,跟打游戏一样,因为你还有责任,不能就这么放任下去。我个人觉得自己这几年的幸福指数比较低,近期我也在努力调整自己,调整各方面的工作状态。我觉得人在好的时候,好的年龄,就要好好过,不管是工作还是其他。过好一天是一天,好好地,一天一天这么过下去可能就幸福起来了。回头看看,可能就幸福了,有时候幸福可能不是在别人的眼里,更多的是个人的感受,你对自我

第七章 高校辅导员职业价值观培育与工作幸福感提升路径探讨

的评价,很多事情你觉得对,过得去,对得起自己的良心也就可以了。

从这位小组成员的发言中我们可以体会到,可能是由于主客观两方面的原因,她的工作幸福感总体上处于较低的状态。面对现实,她更多地强调了调整自己心态的重要性。

F45:幸福感和年龄可能呈倒 U 形的关系,我刚工作三五年的时候,幸福感指数非常高。在刚工作的几年里,每天忙忙碌碌,没有考虑幸福与否,但一直还是很满意自己的工作现状的。现在工作接近 10 年,最近也在考虑这个问题,尤其是前一段时间,工作量特别大,发生了很多事情,导致心情很脆弱,而外部刺激也十分影响心情。上一期校报上有个报道,说的是保卫处的一位老师,这让我们感慨良多,公寓的阿姨上过校报,专业课老师上校报更是司空见惯,但我们辅导员队伍有 100 多人,好像还没有人上过校报。所以这就转到了成就感的问题上,我们确确实实做了很多工作,但实际上的地位呢?我们不要求有多高的地位,但最起码要得到认可和尊重。而现状是学生上课有问题,老师找辅导员;学生在公寓有问题,楼管员找辅导员。学生出问题,辅导员首当其冲。所以说辅导员的工作做来做去,承担得特别多,给自己造成的心理压力也越来越大。而且一个人工作 10 年,从家庭方面来说也是负担最重的时候,孩子学习成长、个人发展、家庭发展都需要考虑。这个时期,年龄大概在三十六七岁,职业的上升、发展都面临着很大的问题。随着年龄的继续增长,当工作到 15 年左右的时候,这种幸福感反而会上升。40 岁左右,对于所经历的东西到了一个十分珍惜的阶段,对于所经历的事物,还有自己的心态,都趋于一个平缓的阶段,对于取舍也都看得很淡,所以那个时候幸福感反而会上升。当然,如果我们到了 40 多岁可能就会被分流到其他岗位上去了。

F42：我觉得随着年龄增长的是个人幸福感，不是职业幸福感。从刚才谈到的这些方面可以看出大家的职业幸福感是很低的，所以只能从个人角度来寻求心理平衡。现在出现这么一种情况，如果完全靠自己的心理素质、职业道德、思想品德去追求完成自己的工作，那么这个工作是没有办法体会到幸福感的。因为还没有任何从体制上、制度上来保证幸福感的机制，比如从待遇、职业发展、职业认同上能够看到希望，知道往哪里走，该怎么做，这个是最重要的。所以我觉得个人幸福感和职业幸福感是完全不同的两个概念。我们现在的幸福感与岗位无关，而是人工作到了40岁左右，心态变了，找到了心理平衡点，而在家庭方面，孩子也慢慢长大，所以不再处于特别焦虑的状态了。就家庭和工作而言，找到了一个平衡点，但不是说工作带给我的幸福感更强了，在其他岗位上也是一样。

这是这位小组成员的第二次发言，是针对前面小组成员发言所做的补充，她认为，个人幸福感和职业幸福感是有区别的，认为待遇、职业发展等因素对职业幸福感有着重要影响。

F46：前些天我们学院一个毕业生失踪了，好像是参与传销了，打不通电话，找不到人，去报案，派出所不受理，因为失踪时间还没有超过3个月。家长找到学院，给学院很大压力，学院就只能自己动用关系来定位，采取各种途径找人。在学生意外伤害、失踪等问题出现后，希望学校有相应的机制来处理这些事情，利用保卫处与派出所之间的联系，来明确一些应急办法，而不仅仅是将责任压在辅导员身上，压力很大。以前遇到过类似情况，学生摔伤、出车祸，辅导员就只能先行垫付医药费。但因发生在校外，责任本就不在学校，家长也好说话。如果发生在校内，那么情况就会变得让辅导员没有精力去做其他事情了。所以学校还是应该有一个方案，分清职责，明确责任，

第七章 高校辅导员职业价值观培育与工作幸福感提升路径探讨

让辅导员知道在这种事情上我们的责任是什么。职业幸福感在很大程度上来源于职责清晰，指挥棒清晰，才知道怎么衡量自己是否达到这个标准了。达到标准了，才有自我认同，别人才能认同。

F47：辅导员有无限的责任与压力，就是因为所有的事情都归结到辅导员身上了。工作当中最难的地方不在于事务性的繁忙，你带了多少班级、多少学生，而在于工作上的不确定，因为不知道什么时候就会来一个突发事件，手机 24 小时都要开机，半夜睡觉都想着随时起来接电话，那种感觉没法形容，不确定性太强了，不知道会碰到一个怎样棘手的事件。而且对于棘手的学生、家长，后续影响不知道会怎样。在这个过程中，感觉学校这方面有缺位吧。对于一个辅导员来说，有些信息是很难掌握的，像基本的学生上课出勤，在不在校，按道理说，每个辅导员都是应该掌握的，但实际上，每个辅导员至少带四五百个学生，很难掌握每一个学生每一天是不是上课，是不是在校，学生又没有主动来请假。这段时间一旦发生了什么意外情况，责任就会落到辅导员身上，从学校到学院的各级领导都把责任落到辅导员身上。一方面，作为辅导员也不想发生这样的事情，另一方面辅导员确实很难真正掌握这四五百名或者更多学生每一天的真实情况。曾经碰到这样一个情况，有一个大四毕业生，几天都没在校，同学说她回家了。而且她经常不请假就回家，四年已经习惯了，而最后一次回家，在家乡出了事情。这样一来，很大的责任就归咎于辅导员身上，辅导员没有及时了解她在校的情况。学校要求辅导员及时了解学生的在校情况，但实际操作起来太难了。依靠班干部或是舍长都不太现实，由于各种原因，他们报的信息也不是及时、全面、准确的。单纯的事务性工作再忙、再多也不怕，就是这种压力的不确定性和无限责任让人感到十分焦虑不安。一旦出现这种问题，没有人会支持和支援你，辅导员只能自己孤军奋战，只能是谁摊上谁倒霉。

由这位小组成员的发言可以体会到，学生中出现的危机事件所带来的压力，是影响高校辅导员工作幸福感的一个非常重要的因素。

F48：幸福感是一种个人的感觉，也是一种非常高大上的东西。现在处于一个收获的季节，是幸福感增加的季节，带300多名毕业生，很忙，但是很快乐，带的学生都各有收获，都要毕业了，幸福感很大一部分来自于学生对老师的感情。关于制度问题，确实有很多东西我们无法改变。像毕业生违纪撤销的问题，与这些学生进行过很多次的谈话沟通，也很多次地进行学习上的要求，而在进行评优的过程中，班里同学在综合测评成绩不够的情况下，还是评了他，辅导员的审核不够规范，没发现就上报了，团委也通过了。但后来发现问题，责任确实在辅导员。那辅导员本身就要进行反思，责任到底在哪？以前可能也有过这种情况，但这一次的处理结果，是让每一个辅导员写材料，追究带班辅导员的责任，而且第一反应是辅导员有没有什么问题，有没有收受学生的贿赂等。当时我就感到很委屈，打击很大。但转换角度一想，我工作这么长时间了，确实有失误，在上报过程中没有主动再去审核一下。转换角度想一下，压力确实释放了不少，这样一来，对幸福的感觉就变了。还有就是辅导员晋升制度，如何让人看到希望。刚来的时候，工作很急、很快，追求效率，但是不踏实，经过这几年的锻炼，觉得自己确实成长了很多，在遇到问题时不那么慌了，处理问题也有自己的思路了，变得有条理了，对待不同学生的问题自己能够冷静处理。原来遇到事情感觉要被气死了，现在能慢慢地冷静接受，而且能改变自己，转变自己，最重要的是发现自己的缺点，能转换一下，换位思考。辅导员的工作确实很多，很辛苦，但有些东西确实没办法改变。例如辅导员的评价机制，前几年，学院打分、学生打分，自己确实都在前面，而优秀却评不上，自己很难接受，在很长时间里都不能接受，为什么自己带领院里的学生拿到全省第一，可评优者却不是自己，一开始觉得很委屈，转换一下思想，学院里的辅导员都评职称了，晋升了，我们的团队进步了，这也是一种幸福，而不是自己一枝独秀。大家都提升了，这也是一种幸福。但是审视一下自己，在过去的一年中，自己确实是在踏踏实实地做工作。既然辅导员的晋升机制是由学生打分，学院领导打分，可不可以让打分变得透明些，让我们明白辅导员的缺点在哪儿，怎样去提升，不好的地方则去改进。

F49：刚参加工作不到一年的时间，无所谓幸福不幸福的。只要能把手头上的工作做完，不说好不好，就说在相应的时间里学生没有什么特别大的事情，就觉得挺幸福的。工作中的幸福感更多地依赖于个人生活中的幸福，个人心态上的幸福。从来没有觉得自己工作不幸福，只会觉得工作比较累、比较烦。刚参加工作的时候，有时候新来的几个辅导员聚在一起，大家相互之间发发牢骚觉得挺好的，但是就多了一层担心，我的学生没发生的事情，在他的学生身上发生了，就担心我的学生会不会也出这样的事情。所以慢慢地我们就会减少这方面的交流。在相互交流后，在查宿舍的时候，就觉得怎么我的学生会有这么多问题。所以慢慢地发现，这样的信息会影响到我，让我更加焦虑。反而与其他行业，比如与做村干部、公务员、公司职工的同学交流，觉得自己的工作特别的好，特别的幸福，同学说你就满足吧，从来没有一种工作叫"钱多事少离家近"。所以幸福与否，主要还是看自己的心态。最近事情很多，毕业班的事情结束以后，接到的活儿也比较多。半夜接到学生的电话，学生说很郁闷，还是和学生不在校有关。学生不在校，辅导员通过学生干部了解到这个学生没请假，就找该生谈话，通报批评了他，也没怎么样。但该学生就认为学生干部告状，这件事不应该跟老师说。所以觉得学生在校情况不是辅导员完全能掌控得了的。学生干部并不是那么可靠，110多人的课，只有30多个人去，可班长却说全到了。依靠学生干部做工作并不现实，辅导员自己又不可能一天24小时盯着学生。所以我个人觉得，只要我心态调整好了，学生也不出事，就是很幸福的了。

F50：说到课堂考勤的问题，有一个班上体育课，因为一二节没课，所以上午三四节上体育课的时候有的学生就没去，接着在宿舍睡了，上课的人数就不够，体育老师就找辅导员，辅导员正好在办公室，工作又很忙，所以让团支书去处理。但是，任课老师却非得让团支书把辅导员叫过去，还找了两次，让辅导员感到挺无奈。刚工作时间不长，还没遇到过其他辅导员所说的特殊事情，可能随着时间的推移，会遇到各种不可控、各种棘手的事情。但是这段时间，还没来得及或者没考虑过幸福不幸福的问题，也没有想过工作幸福不幸福的问题，每天就是把工作做好。可能本身比较容易焦虑，做事情没有自信心，刚来的时候会出现各种各样的问题，比如带新生的时候，就不如有经验的老师那么从容，自己就比较慌张，包括处理各种各样的问题。当学生出现任何一点问题时，就会觉得是不是自己哪里做得不好，哪里出现了问题，就会因为这些事情而促生心中的焦虑感。刚来的时候，就特别想得到认同，包括学生、同事、领导等各方面都想得到认同，这样，我们才能树立起自信心。由于个人的原因，即显得比较小，不管老师、学生可能都觉得我像个学生。也可能是个人的原因，不管是由长相还是性格方面导致的，不知道怎样在各类人群中树立形象，以怎样一种角色来和学生们相处，怎么样才能把辅导员这个工作做得更好一些。可能出于各种各样的问题，内心会特别容易产生很强的焦虑感。但焦虑感不等同于不幸福。也许这是必然会遇到的一些问题。随着工作时间的延长，这些问题可能会慢慢地减少，也会出现其他老师所说的其他方面的问题。幸福感其实就是相比较而言的，对于一起毕业的其他同学来说，工作起点相对来说比较高，包括工资、平时的工作强度。虽然在学校里感觉工作强度特别大，但是在其他人眼中，我们有寒暑假，有两个假期，已经十分不错了，还想要什么呢！与其他人聊起来，还是觉得不错的，至少从刚参加工作的角度来说是这样的。可能，慢慢地随着工作年限的增加，包括周边人工作的开展，我们会往不同的方向走，这也牵扯到职业发展的问题，就会衍生出很多的问题。目前暂时感觉还可以。

F51：来之前问办公室其他辅导员的意见，简单地调研了一下，得到的答案都是否定的。现在同事之间聊起来，都说工作幸福感指数确实比较低。而且有时候工作上带来的这种心情会渗透到生活中，可能会影响回家以后的心情。经过和同事交流，也得到了几点体会，第一，辅导员得不到应该有的尊重和理解，比如学生使用违章电器，公寓的阿姨就给辅导员打电话，说学生怎么怎么样；学生不去上课，老师就打电话，说辅导员是怎么教育的，就让辅导员放下手头的工作，立马去看看，第一时间去帮着老师组织课堂。还有学生成绩不好，期末成绩分出来，有挂科、作弊的出现，领导也会有这样的观念，就是辅导员怎么管理、教育的学生，成绩这么差。所以现在有时候就感觉不会教育学生，该怎么教育学生，很有压力。可能各方面都在用批评的口气来质疑你的工作能力，你就会感觉自己辅导员的工作做不了了。刚开始的时候，觉得自己还是能胜任这个工作的，干得挺有劲，现在就觉得好像干不了了，到三十七八岁就得调离这个岗位，所以越来越不自信，有时候感到很困惑。还有就是一种无形的精神压力，目前感觉所有的和学生有关的事情都是辅导员的责任，这种压力让人感觉喘不过气来。随时担心会出问题，像安全事故问题，有受伤的、抑郁的，生怕发生在自己学生的身上。像学生挂科、成绩不好，就会觉得像是自己没考好一样，恨不得替他们去考试。还有考试作弊，现在是一作弊就会有处分，巡考的压力特别大，生怕学生出事，就一直来回看，很紧张。

F52：自我感觉我是一个危机感很重的人。我经常反问自己，哪天学校不要我了，不让我干这个活了，那我还能干点什么？像专业课老师走向社会是没有问题的，但是假设自己一旦走向社会了，好像什么也干不了，好像我所依存的所有东西都不复存在了。如果一旦离开这个体制，这个人就完蛋。而且从深层次来说，辅导员都是研究生毕业，从学校到学校。年轻的时候都挺有理想和热情的，学生也正好处于这个阶段，所以我们教育学生的时候也觉得挺幸福的，但随着年龄的增长，特别是现在，带完一届，又带一届，再带一届，说是自己也努力，也提升，但是做的事情基本上都是在重复，只不过是由于经验多了，我做得比以前更好了，但是所有的工作都是在重复。但作为专业人才的话，随着对行业的了解，专业知识的积累、提高，会获得一个行业的认同，但是辅导员的工作就是一直在不断重复。现在有种无力感，这种感觉来自于学生，在教育学生的时候，就感觉自己的存储、自己对于事物的一些理解和看法，被不断地榨干了。而且随着工作年限越来越长，都在做着重复的工作，也不会得到什么补充。随着年龄的增长，对工作的热情也慢慢地消失了。对于一个悲观的人来说，一方面要面对这些对未来充满无限憧憬的学生，一方面要面对自身的无奈，这就是一种分裂。而且现在和在校学生交流的时候，告诉他们很多事情，但是，一旦他们走出学校这个大门，再回来的时候，往往有种体会，你对很多事物的认知和理解还没有他们深刻，这种挫败感就更强了。所以有时候就要找到平衡，不能叫作工作幸福感，更多的是一种妥协。

F53：现在的一种状态就是无奈，成就感与挫败感并存，快乐与无奈并存，很多东西靠自己的能力根本无法改变，现在就是这种状态。前段时间自己确实是很难接受的，五年没有评上一次优秀。至少自己感觉该付出的没少付出，但是这个结果跟自己想象的相差很大。所以结果出来的时候，接受不了，但还是得慢慢调整自己。就像这学期，学院人手特别少，就两个辅导员，现在一个人做一个学院的工作，跟第一年刚工作一个人做一个学院的时候相比，要比以前成熟许多，特别是在调整自己方面。虽然现在很忙，但也抽时间运动一下，找一些自我调节的方法，更多的是总结。在一些事情上，看法比以前成熟多了。利用生活中其他方面来调整工作上的这种心情，就是现在的一种状态。现在就寄希望于学校能不能从健全制度、制度保障方面充分考虑学生工作人员的利益。

F54：刚参加工作的时候，每天做很多的工作，感觉很新鲜，很充实。一起来的同事，相互说起来的时候，大家都没有觉得自己很忙很累，都觉得很有意思。刚参加工作之时，是最能发挥工作能动性、最能把自己的想法变成现实的一个时期。随着后来个人工作角色的多元化，在个人生活时间和工作时间发生冲突的时候，我们就开始抱怨了，但这种抱怨并不影响我们的幸福感。工作还是忙，还是累，我们会觉得分身乏术，但我们不会觉得自己不幸福，尤其是在经过毕业学年以后，看过临毕业时学生对你的态度，想想去毕业生所在的城市受到的礼遇，感觉由幸福变为价值。除了幸福以外，我们还有价值。我们的工作做到最后，是让自己收获了这么多东西，所以从辅导员的工作成果上看，我们是幸福的。尤其是看到毕业生对我们的感恩，我们是幸福的。从职业过程上看，我们每天很忙很累地做着一些活动，但是每项活动都取得了很好的成果。我们每次工作都可能会使一些学生的人生发生一种改变，所以我们是幸福的。那我们的不幸福在哪儿呢？可能从学校层面上讲，学校给的待遇让我们不够幸福，发展前景可能让我们不够幸福，包括我们在座所有的老师都不是因为自己的工作太忙太累，24小时开机，全方位全角度地服务于学生而感觉不幸福，所有辅导员的不幸福归根结底在于学校制度对我们的不认可。为什么"我爱我师"都仅限于任课老师，而没有辅导员呢？难道我们不是学生的老师？为什么辅导员这样一个高大上，引领学生思想的一个角色，非被学校搞成一个保姆式的对课堂、寝室、每个学生的吃喝拉撒都要管的角色？为什么不管我们的工作干得怎么样，只要我们的学生一出事，一夜之间我们的一切成绩都归零？为什么我们的课只给 20 块钱？为什么学院奖金发下来的时候，任课老师都比辅导员高？包括刚刚实行的班级导师制度，为什么是辅导员定期向班级导师汇报，而不是辅导员和班级导师之间相互交流？所有这一切归根结底就是学校对辅导员的不公平。刚开始工作的时候，每次辅导员工作沙龙，都会把自己觉得不公平的地方说出来。甚至有时候，觉得对我们不公平，就在办公系统上发出来。半个小时后，学生处打电话要求撤下来。随着时间的推移，发现这样的争吵没用，所以一般不再说出来，因为说出来是没用的。如何提升工作幸福感，需要在学校层面上把我们当作一个非常重要的群体。对学生的教育教学和管理处于同等地位，教育教学和管理相辅相成，所以学校应该把辅导员、学生工作队伍作为一个感恩的群体，而不是卸磨杀驴。为什么到三十七八岁的时候就要被迫转岗？如果这样的话，还老在强调辅导员的工作幸福感，加大辅导员的工作干劲，都太表象了，没有实质的东西。为什么要加大辅导员的工作干劲？加大干劲的动力在哪儿？我们只有压力没有动力，而且这种压力压到最后就是转岗，没有别的职业那样的发展途径。当然，对于学校层面，我们做不了主，也没办法改变。那就从我们自身上提高幸福感，我们只能自己调节。一是对于不合理的事要敢于回击，有任课老师打电话，问为什么学生不上课，质疑学生管理，那我们要问，为什么任课老师不进行课堂管理，保证教学质量？任课老师不光要教学，最起码要维护得了自己的课堂，学生手册有规定，为什么不去执行？所以要进行自我保护，不管是公寓管理员，还是其他的人员来找，当所有的指责都指向辅导员时，我们要学会反击，自己为自己说话。二是要自信，刚才有老师说，不做辅导员我们做什么？我们做什么能做得了？只要没丢掉专业知识，我们跟任课老师是一样的，只不过学校不给机会而已，我们都能把这些课教出来。辅导员有几个不能上好自己的专业课的？我们不但能上好自己的专业课，还有额外的学习，学习职业规划、就业指导，我们什么事做不了？即使离开了学校，到了社会上，我们又有什么做不了？我们有自信、有能力，可能就没有年龄的优势，这是不得不承认的现实。但是，我们要始终相信我们自己什么都能做，真到被迫离开学校的那天，我们任何事情都能做好。所以我觉得提升辅导员的工作幸福感，从学校层面上说我们控制不了，但从我们自身来说，我们就要做到自身的快乐，不管快乐和幸福之间是怎样一个表象与实质的关系，但是在那个快乐的当口，我们一定是幸福的，所以我们尽情地快乐就好了。

从此次焦点小组访谈总的情况来看，由于工作年限不同、性格不同以及其他一些个体差异，面对工作中各种各样的压力，不同的辅导员有着不同的反应与应对方式。小组成员的发言让我们更为深切地体会到，提升高校辅导员工作幸福感的确是辅导员个人、高校以及主管部门所面临的重要课题。关于如何提升高校辅导员的工作幸福感，从外部环境来说，此次焦点小组访谈的成员发言主要涉及以下几个方面：如何减轻辅导员来自学生危机事件的压力；希望给予辅导员应有的尊重和认可；明确辅导员的发展路径或前景；建立科学合理的评价机制；提升辅导员的职业安全感；明晰辅导员的工作职责；提升辅导员的薪资待遇。从内部因素来看，多位小组成员在发言时均提到，在外部环境暂时难以改变的情况下，需要加强自我调节能力。

第二节 面向高校辅导员的访谈

为了探讨培育辅导员职业价值观，提升辅导员工作幸福感的具体路径，我们基于前期问卷调查和数据分析的结果，选取部分高校的辅导员进行了结构化访谈。由于访谈时间为假期，有的受访对象不便接受电话访谈或当面访谈，所采用的访谈途径为通过QQ或微信留言，提出访谈问题，请受访对象根据自身情况，既可采用语音或文字回复，也可采用电话交流。现将访谈提纲、对象和结果报告如下。

一 访谈提纲

由于该阶段的访谈是基于我们前期调查与数据统计分析的结果，希望受访者在了解大部分调查结果的基础上，提出他们的意见或建议，因此访谈提纲的核心内容为：

教育部重点课题"高校辅导员职业价值观与工作幸福感及其相互促进机制研究"，目前已完成全国范围的抽样调查和数据统计工作。

数据分析显示，从职业价值观来看，高校辅导员总体而言较为看重的方面依次为社会价值、能力发挥、薪资待遇、工作环境。

总体来看，辅导员工作幸福感的来源依次为共同成长、师生情感、工作成就、发展空间、环境宽松。同时，数据显示，近半数辅导员工作幸福感有待提升。

从调查结果来看，许多辅导员更为看重精神需要。现在想听听您的意见，在这种背景下，您认为应通过哪些途径来进一步培育辅导员积极正向的职业价值观，满足辅导员中不同层次的价值需求，从而提升高校辅导员的工作幸福感？

二 访谈对象

访谈对象为来自四川师范大学、山东理工大学和齐鲁师范学院的6名辅导员。其中，男性辅导员2名，女性辅导员4名；一位访谈对象曾被评为所在省的"高校十佳辅导员"，一位访谈对象曾被评为所在省的"高校优秀辅导员"。

三 访谈结果

出于遵循保密原则的考虑，呈现访谈结果时隐去受访者姓名和可识别受访者身份的信息，以 F55、F56 等符号代表不同的辅导员。在

第七章　高校辅导员职业价值观培育与工作幸福感提升路径探讨

不影响受访者所表达的原意的前提下，对访谈记录进行了适当的文字整理。以下是受访者对于访谈问题的回答：

F55：关于通过哪些途径来培育辅导员积极正向的职业价值观这个问题，我有以下几点思考：

1. 培育积极正向的职业价值观，需要强化辅导员的使命感。用中国特色社会主义理论中关于高等教育的使命来探讨辅导员的使命。教育的任务是培养有使命感，敢于担当的新一代建设者和接班人，辅导员是学生接触最多的高校教师，所以辅导员的使命感和价值观直接影响到学生的培养。高校辅导员要树立积极正向的职业价值观，必须从辅导员的使命和初心中找答案。这是一种内在的价值观改变，当一名辅导员把育人当成自己为之奋斗的事业，那就是一名优秀的辅导员。

2. 培育积极正向的职业价值观，应该从工作的反思中汲取能量。辅导员工作的意义就是用自己正确的价值观去影响学生，同时看到自己的学生因受到教育而改变，这个过程反过来会不断激励自己树立更加积极正确的价值观。所以辅导员价值观的培育需要一个内在的力量，这个力量就是自我反思辅导员工作的价值和意义。做这个工作越久，就越会发现辅导员工作的责任和意义。这个内部力量是培育辅导员职业价值观的主要力量。

3. 培育积极正向的职业价值观，需要提升辅导员的职业认可度。目前，高校辅导员的职业认可度不高，职业发展较慢，同时又要面对各种繁杂的事务性工作，辅导员的工作内容往往会让其缺乏持续的工作动力，容易出现职业倦怠。提升辅导员的职业认可度，应该从教育部门体现对辅导员工作的重视，改善辅导员的工作环境，厘清辅导员的工作边界。让辅导员真正成为学生教育管理的专家，而不是学院事务性工作的承担者。

4. 培育积极正向的职业价值观，需要为辅导员的职业发展提供平台。目前，各高校一直在推进高校辅导员的职业化、专业化，但是效果不是太明显，就是因为高校辅导员工作琐碎。"两眼一睁，忙到熄灯"是工作的常态。在专业化、职业化的道路上走不快。这种现状就意味着辅导员的发展环境应该比高校其他教师更加宽松，高校应该为辅导员制定更加宽松的职务晋升、职称评定的条件，让辅导员的职业发展有平台，薪资待遇有保障，辅导员才能安心做好自己的工作。

5. 培育积极正向的职业价值观，要抓好辅导员队伍的源头。目前的辅导员队伍是通过笔试、面试等环节层层选拔进入队伍中来的，辅导员队伍的选拔标准包括政治过硬、理想信念坚定、三观正确，这是选拔辅导员的主要标准，只有抓好选人、用人源头，才能选出对辅导员职业价值认同的优秀辅导员。

以上前两点是辅导员职业价值观提升的内在动力，后三点是辅导员职业价值观提升的外在动力。

（注：该受访者采用的是文字回复）

从这位辅导员回复的具体内容来看，主要是与辅导员职业价值观培育有关，部分内容也与提升辅导员工作幸福感有关。

F56：1. 老辅导员通过座谈交流、专题讲座、案例指导等方式对新辅导员传帮带。

2. 主管部门定期组织辅导员开展聚会、户外素质拓展等活动，并鼓励携带家属，这种方式有助于增强辅导员之间的凝聚力以及家属对于辅导员工作的支持力度。

3. 因辅导员工作对于家庭生活影响较大，容易引起家人的抵触情绪，对于辅导员面临的家庭矛盾，学校应给予适当关注。

4. 辅导员的工资比教师低，物质待遇的满足与否仍然是影响价值感的一个重要因素。不管工作多么高尚，数着钱过日子的感觉会在很大程度上抵消工作幸福感。

5. 职称晋升压力过大，严重影响幸福感。这种压力会对辅导员日常工作造成严重干扰，希望能够适当减轻。

6. 稳定的、可以预见的职级晋升渠道也是幸福感的基础。

7. 定期的外出学习考察有助于增加幸福感。

8. 生活质量是经济价值和文化价值的综合，建立辅导员队伍的文化体系、话语体系，有助于提升个人的文化价值感。

9. 加强辅导员荣誉体系建设，比如根据工作年限授予金牌辅导员、银牌辅导员等称号，就像出租车司机都有"雷锋车"这样的称号一样，虽然是虚名，但是能激励人。

10. 工作十几年的和刚工作的一起同台竞技，这种事是很伤人心的。对于工作时间长的辅导员，要在人事制度中有所体现。

（注：该受访者采用的是文字回复）

F57：1. 建立客观科学的评价机制，认可工作积极、有成效的辅导员，营造积极向上的工作氛围。

2. 拓宽辅导员专业化发展渠道，增强职业技能。

3. 拓展基层辅导员发展空间，激发其工作动力。

4. 加强团队协作，增强归属感，在专业水平高的领路人引导下，加强主题性交流。

（注：该受访者采用的是文字回复）

F58：辅导员的职业定位和职责在实际工作中被忽视，辅导员疲于应付各种事务性工作，所以最重要的是厘清职责，给辅导员减负。

辅导员实际工作量和心理压力过大，白加黑工作模式常态化，特别是新形势下学生工作问题复杂，责任重大，提升工作待遇，让辅导员付出得到应有的回报，安心于此工作也是一个重要方面。

同等重要的是引导辅导员找到职业发展的方向。当激情退却，辅导员最需要看到的是工作的希望和出路，应尊重辅导员的选择，真正让辅导员有获得感。

（注：该受访者采用的是文字回复）

F59：作为一名辅导员，如何做好辅导员工作是我们面临的重要课题，也决定着我们未来工作和自身发展的方向。为了进一步培育辅导员积极正向的职业价值观，提升高校辅导员的工作幸福感，通过自身的实践和同行前辈的案例和经验，结合我自身的理解，我认为应该做到以下几点：

1. 打铁还需自身硬，应不断加强学习。学习的重要性不言而喻，作为辅导员要学习与思想政治教育相关的理论知识，学习关于辅导员工作的各类管理规定、条例、考核办法、学生违纪处分条例、奖助贷的评选办法和政策、大学生党建工作标准、团建工作方法等，还要向同行学习。辅导员作为大学生的人生导师和引路人，我们自身的素质和一举一动都可能会影响到所带的学生。作为政治辅导员的我们，首先要端正自己的思想认识，对自己的思想有一个正确的定位，清本正源，从而不断影响学生，改变学生。只有自身具备了过硬的思想政治素质，才能感染学生，达到影响和教育学生的目的。其次要不断提升自身的业务知识和能力，成为学生工作的专家。我们是学生的教育、管理和服务工作者，我们要想教育好、管理好、服务好我们的学生，就需要我们学好有关思想政治工作的专业知识，只有这样，才能应对学生的各种问题和情况，才能在学生面前树立自己的威信，学生才会相信你。况且我们面对的形势和对象不断发生着变化，学生的知识面和获取知识的途径不断扩大，这对辅导员的知识储备提出了新的挑战。这更加要求我们辅导员不断吐故纳新，优化知识结构，丰富学生工作的内容，这样才能在实际工作中进行有针对性的教育，避免空洞说教，增强说服力。总之，作为辅导员，我们要谨记"学为人师，行为世范"的警句。

2. 立足本职工作，稳扎稳打。要想做好辅导员工作，首先要把本职工作做好，这是最基础、最基本的。然后再进一步往外延伸、拓展。我们辅导员的工作内容繁杂，在工作过程中也可能会遇到不顺心或者不愉快的事情。但无论如何，作为辅导员，我们当初既然选择了这个职业，就要踏踏实实把我们的本职工作做好，不仅仅成为学生的教育者和管理者，还要成为学生成长的引路人和知心朋友。

3. 摆正工作态度，快乐工作生活。作为辅导员，我们要摆正工作态度，包括对待工作的态度和对待学生的态度。无论从事什么工作，久而久之都会有一种倦怠心理，会出现抱怨、不满等负面情绪，再加上辅导员工作琐碎，面对性格各异的学生，工作中难免会有不愉快、不顺心的事情发生。这就需要我们辅导员保持一颗初心，回顾当初自己为什么选择这份职业？在平时的工作中我们也要做一名心态健康、积极向上的辅导员，经常要保持一个年轻、良好的心理状态，做到胸怀宽广，善于做好自我调节，缓解工作压力，以一种积极乐观的态度对待工作。对待学生我们需要爱心、耐心、细心，学生在学习和生活中会遇到这样或那样的问题和困难，需要我们用爱心去帮助他们。面对学生发生的各种情况要尽量以心平气和、平静的心态去对待，用不厌其烦的耐心去指导他们，帮助他们。同样，学生工作也是比较琐碎、繁杂的，也需要我们细心地做好它。这样，我们才能心平气和，以良好的心态做好学生管理工作。态度决定一切，只有摆正自己的工作态度，我们才能做到快乐工作，快乐生活。

（注：该受访者采用的是文字回复）

F60：我看到这个调查结果，觉得还是比较符合我们的现状的。说到辅导员工作幸福感的话，我觉得影响我们幸福感的因素有很多。

一个是现在的学生不像以前的学生那么有感恩之心，所以从学生那得到的幸福感、满足感比过去要少。

再一个就是职称评定这一块儿，今后怎么样转岗或者怎样评聘职称，就是职位的调整、职称的晋升是一个问题。比如说我，我现在考虑的就是今后可以干啥？你要转教学岗的话，又转不了，像我们有个同事，他读了博士都转不了。走行政岗的话，跟我们以前学的东西离得就越来越远了。

还有，我觉得工资待遇方面也是一个问题，因为我们和教学岗位的老师比起来，还是差了一截的，因为现在全国都处在这样一个状况下，就是高校比较重科研，然后科研的奖励就特别多，所以很多老师从科研那儿拿的奖励就很多。而我们呢，像年终绩效，我们七个人加起来总共就7万块钱，让你去分，还觉得给你很多了，就是这样的一种情况。其实，我们做了挺多的工作，但是有的领导就觉得你根本就没有做多少工作，觉得你没有做科研的老师有价值，没有上课的老师有价值。但是，当他们遇到问题的时候，如上课学生不听讲，学生学习不认真，就会觉得你们没把学生管好。其实，怎么说呢？因为很多领导不是从这个岗位出身的，对这个岗位不够了解，他不能体会这个岗位的辛苦，觉得这个岗位就是打杂的，所以在这个岗位上的存在感是非常低的。

再有就是各种事务性工作太多了，因为牵涉到太多部门，全部都要找你，只要跟学生有关的，人家就说这个跟你有关，责任全都是你的。以前有一个北大的老师过来做培训的时候，他说，北大的分工是非常明确的，我觉得可能跟学校之间的差异有关。我们学校现在从学校领导到下面的人，下面的任何一个部门，只要跟我们有关的，他们都十分怕担责，就会把责任推到你身上。比如学生半夜要是生病了，要出门看病，那个宿舍的门卫就会给我们打电话，让我们确认，同意他出去。你说我们都没有看到学生是什么情况，我们怎么确认，是吧？但就是需要我们来确认。学生一旦出了事儿，领导首先想的并不是保护你，而是推卸责任。

我觉得关于这方面，需要比较权威的教育部门有一个制度上和政策上的支持。其实，现在上面出台了很多政策，但是下面落实的情况并不好。当然，各个高校的情况可能不太一样，比如像川大跟我们学

第七章 高校辅导员职业价值观培育与工作幸福感提升路径探讨

校的差别就很大,也包括其他高校,辅导员之间也有些交流,会谈到辅导员待遇这类问题,其实学校跟学校之间的差异还是挺大的。但整体来说,这还是一个不受重视、不被人看得起的岗位,所以就造成了这样一个尴尬的局面。

再有就是关于辅导员工作的职业化和专业化,确实应该往这个方向走,这样的话,大多数人可能做辅导员就不会面临转岗的问题,他可能会干到很老。以前都说辅导员是吃年轻饭的,可能是对的,因为现在还做不到专业化、职业化。我觉得把有些问题弄清楚之后,我们自身对这个职业有一个非常好的理解,行内、行外都对这个职业有一个很好的理解,可能这个岗位就更能被明确的定性。我觉得可能就是因为对这个岗位的定性不明确,所以现在搞得就像一个打杂的,就像一个保姆。

现在往往是新来的年轻人,他们干劲还比较足。因为他们如果表现得好,参加各种竞赛什么的,又是男生的话,很快就会被其他部门看重,然后就把他调走了,就有这样的一个情况。

怎么说呢?现在就是有一点点无奈,或者说很无奈地留在这儿,因为你无论是社会地位,还是和学校里其他各种岗位比起来,地位是低的,收入也是低的。

说到教书育人,教书我们涉及得很少,主要是育人这一块儿,到最后可能就是在一些学生的意识里面,即使不说现在的学生,他们有的不太懂礼貌,不太懂感恩,就从以前来说,学生可能对于老师在专业上的指导和帮助,记忆会非常深刻,而像我们辅导员对他的帮助,他的这种体验可能会比较弱一点。比如说我有很多学生,上一届的学生,那会儿因为刚刚带学生,对他们的各种心思还是用得比较多的,但是,最后感觉他们对专业课老师的那种感恩会更多一些,觉得我们对他们的帮助有点理所当然。甚至还有一种情况,就是你顺他意的话,当时他可能会觉得很舒服,后面一旦有触碰到他的利益或者是没有解决他的问题的时候,他就会有怨言。我是有这样的体会的。

从我们的工作来说，学校现在对作息时间做了调整，早上9点半上班，下午5点下班，如果严格执行的话，我们觉得还可以，但是我们会有很多的事情，比如说有突发性的事件，就是晚上学生有什么事情，就很难做到5点下班。还有，比如说特殊敏感时期，我们还要住寝室，值班。其实，怎么说呢？可以看得出，我们新换的校领导，他们还是想给我们营造一种比较轻松的氛围的，但这个工作并不轻松。比如说7月，有个学生去参加夏令营，结果发生意外了，意外身亡了，这个时候辅导员就会面临各种事情。这种情况每年都可能有，可以说这个工作就是赌运气，你无论做得再多都不行。

自从学校出那件事之后，我们每一年都有一些事情，而且这个问题已经达到草木皆兵的地步了。出现一个问题，领导就觉得这个问题必须堵，而且，责任必须落到辅导员身上。比如说我们学工部就要求"日报制"，每天都要查，晚上要查学生有没有回学校，有没有在寝室，每天都是这样，这个给人的感觉甚至比高中的管理还要严。你觉得这个制度是一个正常现象吗？大家都是成年人了，结果管得比高中还严，还要幼稚。所以我觉得，所有的压力都落到辅导员身上了。我们不可能每天晚上10点钟去查寝，只有靠班上的干部，干部查的话，他绝对会有一些隐瞒的。再有，比如说我们都放假了，假期宿管不管，也要通过我们来管，也是把责任推给我们。我们都放假了，你说怎么去看管那些学生？一旦遇到晚上找不到学生了，他又没请假，自己跑出去玩了，然后找人都会找疯。所以我觉得，即使给你营造一个看似轻松的环境，但是无形的压力一直是存在的，这一块儿，那一块儿，加到一起，很难觉得轻松。所以说，存在一个责任明确划分的问题。就是哪些事情必须是辅导员管的，哪些事情的责任不应该由辅导员来承担。比如说住公寓的，就该公寓管，为什么还要我们来承担？

现在辅导员这个岗位，你要从事什么样的工作，你要负责哪一块儿，其实是比较模糊的，加上有的领导想推卸责任，我觉得真的是领导推卸责任，他们不愿意承担责任，所以说只好推给下面，一层一层推,我们就属于最底层的了,就推到我们身上,因为我们是直接面对学生的。所以我觉得这个压力是层层的压力,各个部门的压力都过来了,相应地,我们承担的风险,跟我们对这个职业的希望真的有着很大差距的。拿我来说,可能一年不到的时间,我就有职业倦怠了,而且是深深的倦怠,所以我都有点想去调查一下现在这个职业的倦怠情况,大家对这个职业的前景到底是怎么看的?我觉得可能更多的是悲观。

所以说,怎么提升辅导员的工作幸福感,最主要的一个还是制度的落实,还有就是要明确这个岗位的责任,减轻一点这个岗位的负担。这个岗位本来主要是做思想政治教育的,做思想政治教育的话,最重要的任务就是管学生的思想,找他们谈话或谈心,但是这块儿,其实我们做得很少,因为有太多的事情,以致你没有时间去涉及这一块儿。

还有就是怎样提高这个职业的地位,因为现在无论是对这个工作本身的重视程度,还是心理地位都特别低。

在提高了我们辅导员自身的职业认同感之后,还要解决这个职业的前景问题,比如,如果真的能够专业化、职业化的话,前景就比较明确,让大家觉得这个职业就是终身的,就跟其他的教学岗位一样,你可以做到退休。

如果大环境是这样的话,在给这个职业定了性之后,就需要进行专业能力的提升。比如像跟学生谈话,现在是要求我们必须去谈,但其实并不是所有人都可以去谈的,是有问题的学生才需要你去谈,或者其他有需要的学生你要去谈,所以这方面要如何引导,其实是很专业的。因为我们的工作说简单好像很简单,每个阶段重复做的事都是一样的,但事实上还有很多我们要去承担的事,比如做心理工作,因为一旦有学生精神或心理上出现问题了,真的是一个学生就会把你搞得要崩溃。所以这个方面怎么样去应对,可能除了你本身的调节以外,还要有一个很好的团队,另外你需要得到更多的其他支持,那就是来自学校的支持,我觉得这还是挺重要的。

还有就是如何减轻我们的精神压力和心理压力,这方面确实是一个最大的问题,怎么样缓解我们自己的压力,最主要的就是来自于危机事件的压力。我觉得这方面跟领导还是有挺大关系的。

(注:该受访者采用的是电话交流)

从接受访谈的辅导员文字回复或电话交流的情况来看,有的辅导员的回复侧重于职业价值观培育,而有的辅导员的回复侧重于工作幸福感提升,有的则是两方面内容均有涉及。对访谈结果加以梳理,可以看到,关于如何进一步培育高校辅导员积极正向的职业价值观,受访者提到的途径主要有:辅导员自身要不断加强学习;要反思辅导员工作的价值和意义;强化辅导员的使命感;抓好辅导员队伍的用人源头;老辅导员对新辅导员进行传帮带等。

关于如何提升辅导员的工作幸福感,受访者提到的途径主要有:厘清辅导员的工作边界;针对辅导员制定适当的职称评定、职务晋升标准;拓展辅导员发展空间,引导辅导员找到职业发展的方向;实现辅导员工作职业化和专业化,解决辅导员的职业前景问题;提升辅导员的工作待遇;提升辅导员的职业地位,给予辅导员应有的尊重与认可;减轻辅导员来自学生危机事件的压力;加强团队协作,增强辅导员的归属感;建立客观科学的评价机制;注重辅导员专业能力的提升;加强辅导员荣誉体系建设;建立辅导员队伍的文化体系;支持辅导员外出学习考察;为辅导员工作争取来自家庭的支持等。

第三节 面向高校辅导员工作负责人的访谈

对于如何培育高校辅导员积极正向的职业价值观,提升高校辅导员的工作幸福感,来自高校辅导员工作负责人的意见非常重要。因为他们在日常的工作中对相关问题可能已有高度的关注和深入的思考,

第七章 高校辅导员职业价值观培育与工作幸福感提升路径探讨

他们既是相关对策的提出者,也是相关措施落实的推动者。为此,我们选取了部分高校的学校层面和学院层面的辅导员工作负责人,进行了结构化访谈。由于时值假期,访谈途径与上述面向辅导员的访谈途径基本相同,即通过QQ或微信留言,提出访谈问题,根据受访者的情况,既可采用语音或文字回复,也可采用电话交流或面谈。现将访谈提纲、对象和结果报告如下。

一 访谈提纲

访谈提纲与上述面向辅导员的访谈相同。

二 访谈对象

访谈对象为来自华中科技大学、山东理工大学和江苏理工学院的6位辅导员工作负责人。其中,学校层面的辅导员工作负责人4名,学院层面的辅导员工作负责人2名;男性5名,女性1名。

三 访谈结果

出于遵循保密原则的规定,呈现访谈结果时隐去受访者姓名和可识别受访者身份的信息,以L1、L2等符号代表不同的辅导员工作负责人。另外,在不影响受访者所表达的原意的前提下,对访谈记录进行了适当的文字整理。以下是受访者对于访谈问题的回答:

L1:辅导员积极正向的职业价值观和工作幸福感紧密相关,积极正向的职业价值观有助于工作幸福感的获得。对于如何培育辅导员积极正向的职业价值观,我认为有以下几点:

1. 积极正向的制度保障。基础性制度需要坚持公平公正,激励真正干事创业的辅导员。辅导员事务繁杂、任务重、压力大的基本工作状态要求制度给予公正认可,消除不公平的人为的评价障碍。鉴于辅导员工作评价难度太大,现实中公正公平评价是一大难题。

2. 营造良好的集体工作氛围。

3. 激发辅导员的事业感，把辅导员工作作为一项事业来经营，期待果实的收获。

4. 激发辅导员的研究欲望，把工作当作研究项目，收获研究成果。

（注：该受访者采用的是文字回复）

L2：我觉得最重要的是有明确的职业发展空间和目标，这样可以使辅导员有清晰的职业发展规划。再有就是专业化的职业培训和良好的工作环境。

（注：该受访者采用的是文字回复）

L3：1. 严把辅导员招聘入口关，切实把政治素养高，素质能力强，从事辅导员职业意愿强的人选到辅导员队伍中来。

2. 加大辅导员培养培训力度，建立分层次、分类别的培训培养体系，不断提升辅导员的职业胜任力。

3. 建立符合辅导员特点的职务晋升、职称评聘制度，畅通辅导员发展路径，不断激发辅导员的内生动力。

4. 建立完善的辅导员荣誉体系，增强辅导员职业荣誉感。

5. 按照工作内容或职业兴趣建立辅导员工作团队，相互激励、相互促进，提升工作归属感。

6. 辅导员自身要发挥主体作用，不断加强工作研究，着力提升专业化能力。

7. 通过大讨论、工作研究等多种方式引导辅导员深化职业价值认识，不断增强职业认同感。

（注：该受访者采用的是文字回复）

L4：调查所得的辅导员职业价值观基本反映了当下辅导员的心

第七章 高校辅导员职业价值观培育与工作幸福感提升路径探讨

声,辅导员希望得到社会的认可,体现其社会价值,有可以发挥能力的空间。辅导员在助力学生成长的过程中也获得成长,与学生共同成长,成为其最大的幸福。

如果说,哪些途径可以进一步培育辅导员积极正向的职业价值观,提升辅导员的工作幸福感,我想应从以下三个方面考虑:

一是依据有关文件建章立制,增强辅导员的职业归属感。党和政府非常重视大学生思想政治工作,十八大、十九大以来先后出台多个文件,加强和改进大学生思想政治工作,总书记也在多次国家会议上讲话或到高校给老师或青年学生们讲话,各高校也将立德树人作为根本任务,出台相关制度或办法,明确辅导员准入、培养及发展机制,辅导员在其中是一支重要力量。这样的使命感,会让辅导员感觉到强烈的职业归属感和职业价值感。

二是重视职业化、专业化建设,拓展辅导员的职业空间感。辅导员职业的宽度、广度和深度都可以拓展,在职业化、专业化、专家化的道路上,可以有很多的探索和空间,有很多高校成立了辅导员工作研究室、辅导员名师工作室等,发挥团队力量,根据大学生成长规律,在大学生思想政治工作十大育人体系中发挥了积极的作用,让辅导员有着无限的职业空间感。

三是尊重人的需要,提升辅导员的职业满足感。国家、省市评选辅导员年度人物,获奖者毕竟是少数,举办辅导员职业能力竞赛或素养大赛,参赛者或得奖者毕竟也是少数,大量的一线辅导员的职业满足感不是体现在评奖评优中,而是体现在看到自己所带过的学生或校友的成长、成人、成功上面。建议在思想政治工作导向上多鼓励平凡的辅导员写写工作体会,写写工作日志,写写自媒体,用日常的点滴去传递正能量,感动学生、感动校园、感动自己。不管是工作一年或三年或十年或二十年的辅导员,都能有机会发声,都愿意发声,都想主动发声。如果做到了,工作的幸福感就有了。

(注:该受访者采用的是文字回复)

L5：我在工作中的一个体会就是对于辅导员来说，第一要有一个比较好的工作环境，因为我看到有些学院的辅导员，由于他们的影响不是很大，做什么事情学院领导也不支持，那他们的这个价值感、幸福感就会很弱了。但是，有的学院领导很支持，大家又相互协作得很好，想做什么事情也做得了，那他们在价值感、幸福感方面可能就会很强，我觉得这个可能是很重要的一个方面。

第二就是他个人的能力和素质，包括怎么跟学生沟通交流，怎么把学生组织好、管理好，引导学生很好地成长、发展。

第三就是跟同事、跟领导、跟学校各个部门的沟通能力，处理矛盾和问题的能力，这些东西都是很重要的。

这个研究我觉得很有意义，就是从全国整体的情况来看，辅导员如果真的要有价值感、幸福感的话，他的职称，还有他的收入，都需要有相应的政策保障。另外就是如何真正体现出他的价值，不是说他忙活了1年，然后数不出几件他认为很有意义的事情，或者是能够看出效果的事情，其实，这个是让很多辅导员感到非常难受的一点，所以需要有合理的评价机制。

第四就是个人的发展通道，这可能是很普遍的一个问题了。比如再往上晋升，职称也好，职务也好，再往上晋升好像就很有难度。因为辅导员的总体基数很大，但是晋升副教授或者副处长的这种机会没有那么多，所以他们面对的竞争，跟专业教师相比来讲，还是有很大差距的。专业教师只要你水平达到了，课题够了，你就可能上去了。而辅导员的话，一个学校有几十个上百个，可以晋升的岗位就那么多，所以相对而言可以争取的名额就更少了。

我觉得辅导员应该朝专业化的方向发展，每个人找到一个自己的发展方向，成为某个方面的专家，比如像清华大学的樊富珉老师，她原来是留下来做辅导员的，后来成为全国知名的心理专家，像这样的例子还有很多。最近几年里评选的全国十佳辅导员，里面有不少这样的例子。所以我觉得应该走专业化的发展道路，他们如果真的想在这个方面找到价值感、幸福感的话，就必须走这条路。而要做这种事务性的工作，或者是纯粹做行政这一块儿的，出路不是很大，希望也不是很大，价值感也不会很强。就是说每个人都可以根据其专业背景、兴趣，拟订一个规划，然后一直做下去，可能这样才会有自己的一些特色，这样相对来说可能就不会总是做那种平平的，都是事务性的工作了，就会更有成就感。

（注：该受访者采用的是电话交流）

L6：对辅导员的工作要给予公正合理的评价，包括学生、学院、部门的评价，要考虑如何使评价更加科学、合理，如何把目标考核与过程考核结合起来。

要建立辅导员荣誉体系，在辅导员中发掘榜样。发现优秀典型，要及时肯定，一方面为辅导员树立身边的榜样，另一方面增强进一步努力工作的动力，同时也有助于提升辅导员队伍的整体形象。

要想办法解决辅导员的晋升和发展通道问题，包括职称和职务的晋升。要为辅导员提供可选择的发展道路，根据个人情况，既可以选择管理岗，也可以选择技术岗。职称评聘条件要与辅导员工作相结合。

要营造良好的工作氛围，分管领导要多走近辅导员，体现辅导员的价值，对辅导员工作给予认可，这样辅导员才能更加心情愉悦地工作。

要多关心辅导员，校领导、处领导要更多地与辅导员交流、沟通，多关怀他们，多倾听他们的心声。心与心的沟通很重要。辅导员关心学生，部门则需要关心辅导员。要关注辅导员中的个案，包括家庭困难的，有思想包袱的。要为个别特殊家庭的辅导员解决后顾之忧。

要从政策层面解决辅导员专业化、职业化问题，对于国家相关政策要争取更好地落实，提升辅导员的获得感。

针对"本领恐慌"、胜任力不足的问题，要为辅导员提供更多培训的机会。

另外，还要考虑如何分担辅导员的危机压力。

根据马斯洛的需要层次论，既要考虑辅导员基本需要的满足，也要考虑辅导员不同层次需求的满足。

当然，还要给辅导员提供更多内部、外部相互交流、学习的机会。与其他高校相比较，会发现有的高校压力更大，任务更重。这样会有助于辅导员珍惜现状。

总之，既要多关心辅导员，改善辅导员工作的"软环境"，又要争取把与辅导员相关的政策落实好，不断改善辅导员工作的"硬环境"，使辅导员们能够快乐工作，幸福生活。

（注：该受访者采用的是当面交流）

从上述访谈结果来看，有的负责人的回答侧重于辅导员工作幸福感的提升，有的负责人的回答侧重于辅导员职业价值观的培育，有的则是两方面均有涉及。从信息量来看，文字回复较为简明扼要，电话交流和当面交流信息更加丰富。对访谈结果加以梳理，可以看到，关于如何进一步培育高校辅导员积极正向的职业价值观，受访者提到的途径主要有：严把辅导员招聘入口关，确保选到辅导员队伍中来的是从事辅导员职业意愿强的人；要激发辅导员的事业感；通过开展讨论、工作研究等深化对辅导员职业价值的认识等。

关于如何提升辅导员的工作幸福感，受访者提到的途径主要有：明确辅导员的职业发展空间和目标，解决辅导员的发展通道问题；从政策层面解决辅导员专业化、职业化问题；解决好辅导员的职称和职务晋升问题；建立辅导员工作团队，形成良好的工作环境与工作氛围；为辅导员提供更多的培训机会，以提高辅导员的工作能力；建立公正合理的评价机制；建立辅导员荣誉体系；保证辅导员的工资待遇；相关领导要多关心辅导员；分担辅导员的危机压力等。

第四节 高校辅导员职业价值观培育与工作幸福感提升路径

《普通高等学校辅导员队伍建设规定》指出："高等学校要坚持把立德树人作为中心环节，把辅导员队伍建设作为教师队伍和管理队伍建设的重要内容，整体规划、统筹安排，不断提高队伍的专业水平和职业能力，保证辅导员工作有条件、干事有平台、待遇有保障、发展有空间。"（教育部，2017）

高校辅导员职业价值观培育是辅导员队伍建设不可忽视的一个方面，因为高校辅导员有着怎样的职业价值观，不仅关系到辅导员自身的职业成长与发展，同时还影响着对大学生思想的引领，影响着大学生的成长成才。而"保证辅导员工作有条件、干事有平台、待遇有保障、发展有空间"，则与辅导员的工作幸福感密切相关。我们面向全国不同层次高校的抽样调查发现，近半数辅导员工作幸福感有待提升。因此，基于研究前期的问卷调查和后期的结构访谈，提出以下培育高校辅导员职业价值观，提升高校辅导员工作幸福感的主要路径。

一 培育高校辅导员职业价值观的路径

（一）营造良好校园舆论环境

研究表明，外界环境中支持某一特定价值观的言论将引导个体表现出与该价值观相一致的行为（Maio et al., 2001）。广播、电视、网络、报纸杂志、书籍等大众传播媒介对价值观的形成和发展有着不可估量的作用（张进辅，2007）。尤其是处在移动互联网时代，网络媒体更是随时随地都可能会对人们产生这样或那样的影响。因此，高校应充分利用微信平台、广播电视、校报校刊等宣传媒体，推送与培育高校辅导员积极正向的职业价值观相关的文章或节目，使高校辅导员在良好的校园舆论环境中耳濡目染，使他们的职业价值观在不知不觉中发生一些积极的变化。

（二）发挥榜样示范引领作用

人们常说，榜样的力量是无穷的。近年来，国家、省市以及高校层面均评选出了不少优秀辅导员。因此，教育主管部门和高校均可有针对性地选取"全国辅导员年度人物"、省市"高校十佳辅导员"、省市"高校优秀辅导员"等先进人物，对他们的事迹加以宣传，或邀请他们面向辅导员群体做报告，高校还可通过寻找身边的优秀辅导员等方式，充分发挥优秀辅导员对培育高校辅导员职业价值观的榜样示范引领作用。

（三）深入开展职业价值观讨论

众多研究结果证明了讨论法在价值观教育中的效果（辛志勇、金盛华，2002）。为了进一步培育高校辅导员积极正向的职业价值观，教育主管部门和高校在辅导员培训或日常工作中，可组织辅导员开展有关职业价值的讨论。比如，有的高校在全体辅导员中开展了主题为"辅导员的初心与使命"的讨论活动，引导辅导员对"为什么要做辅导员？""辅导员主要应该做什么？""辅导员应该怎么做？"等问题进行再思考，对于辅导员做好职业规划，坚定职业选择产生了非常重要的影响，同时也发挥了培育辅导员职业价值观的作用。

（四）提供职业培训交流机会

参加职业培训与交流既有助于辅导员职业能力的提升，也有助于辅导员职业价值观的培育。因此高校应支持辅导员参加相关培训、学习和交流，积极选派辅导员参加教育部全国高校辅导员培训班、高校辅导员访问学者计划、高校辅导员国内交流等。同时还应积极选拔、推荐辅导员参加各类相关赛事，比如"全国辅导员职业能力大赛""优秀辅导员博客大赛""全国辅导员年度人物评选"等，参加这些比赛或评选也是辅导员对外交流与学习的机会，会对进一步培育辅导员积极正向的职业价值观产生重要影响。

（五）不断加强自我学习和思考

在职业价值观形成与发展完善的过程中，自我调节与自我教育也发挥着重要作用（杨静、张进辅，2004）。在本研究的后期访谈中，就有一位辅导员提到，打铁还需自身硬，要不断加强学习。这种学习不仅包括与辅导员工作相关的业务知识的学习，还包括思想素质的提升。而积极正向的职业价值观无疑是辅导员思想素质的重要组成部分。还有一位辅导员提到，辅导员工作的意义就在于用其正确的价值观去影响学生，当看到学生因受到教育而改变，这个过程反过来又会不断激励其树立更加积极正确的价值观，因此，辅导员职业价值观的培育需要一种内在力量，就是自我反思辅导员工作的价值和意义，从对工作的反思中汲取能量。

二 提升高校辅导员工作幸福感的路径

（一）解决高校辅导员发展路径

由于岗位晋升竞争激烈，高校辅导员的发展机遇与他们所发挥的重要作用和辛勤付出并不匹配，从而导致辅导员的职业迷茫（冯刚，2016）。无论是本研究前期面向高校辅导员的结构化访谈，还是后期面向辅导员以及辅导员工作负责人的访谈，辅导员的发展路径和通道都是被提及频率相对较高的一个问题。本研究在问卷编制阶段通过大范围问卷调查和因素分析也发现，"发展空间"是高校辅导员工作幸福感的构成要素之一。因此，为了提升高校辅导员的工作幸福感，需要从政策层面解决好辅导员的职务与职级晋升问题，推动辅导员队伍的专业化和职业化。关于辅导员的职务和职称晋升，《普通高等学校辅导员队伍建设规定》明确指出："专职辅导员专业技术职务（职称）评聘应更加注重考察工作业绩和育人实效，单列计划、单设标准、单独评审。"从本研究的访谈情况来看，有的高校在职称评聘方面已经专门设有辅导员系列，而有的高校尚未单列出来。在研究后期的访谈中，有高校辅导员工作负责人提到，要争取把与辅导员相关的政策落实好，不断改善辅导员工作的"硬环境"。如果所有高校都能够为辅导员提供切实可行的职业发展路径，相信辅导员们就不会对未来的发展前景感到担忧或迷茫，他们的职业安全感就会得到提升，才能更好地安心于本职工作。

（二）完善高校辅导员评价机制

从整体来看，针对高校辅导员队伍建设的政策支持系统性不强，缺乏对辅导员选拔培训、评价考核、激励成长的总体设计，导致在实际工作中相关政策难以落实到位。同时，个别地区和高校对辅导员队伍建设重视程度不够，辅导员工作任务繁重，但在工作评价考核等方面却不考虑辅导员工作的特殊性（冯刚，2016）。尽管《普通高等学校辅导员队伍建设规定》对辅导员的主要工作职责有明确界定，但现实中辅导员承担了大量事务性工作，因此辅导员普遍感觉工作繁杂、琐碎、工作量很大，而辅导员的工作价值却未得到充分认可，这在一定程度上影响了辅导员的职业成就感和工作幸福感。从我们的访谈结果中也可以看到，不少辅导员希望建立科学合理、公正客观的评价机制。因此，应高度重视如何对辅导员的工作进行评价。就像有辅导员工作负责人在访谈中所提到的那样，对于学生、学院、部门对辅导员工作的评价如何进行更加科学、合理的设计，如何把目标考核与过程考核结合起来，是一个亟待解决的重要问题。只有建立起更加科学合理的评价机制，在辅导员绩效考核过程中坚持部门评价与院系评价相结合、领导同事评价与学生评价相结合、定量与定性相结合、工作过程与工作效果相结合，才能使辅导员的辛苦付出得到应有的肯定与认可，使辅导员的工作幸福感得到提升。

（三）提升高校辅导员薪资待遇

我们通过面向全国不同高校辅导员的抽样调查发现，当前高校辅导员在评价这一职业时，较为看重的方面依次为社会价值、能力发挥、薪资待遇、工作环境。尽管从总体上看，薪资待遇已经不是高校辅导员的主导需要，但也是他们在衡量职业时认为不可忽视的一个方面。从我们前期以及后期的结构访谈中均可以看到,部分辅导员希望他们的薪资待遇能够得到提升。一方面是由于有的辅导员在一线城市工作,经济压力较大;另一方面是由于与教学科研岗位的教师相比较,辅导员在薪资待遇方面有明显的落差,影响了辅导员的幸福感。研究表明,相对经济状况对人们幸福感的影响大于绝对经济状况(张爱莲、黄希庭,2010)。社会比较理论提出者伊斯特林(Easterlin,1995)在一系列文章中强调,幸福感取决于相对收入而非绝对收入,至少相对收入比绝对收入对幸福感具有更为重要的影响。因此,教育主管部门和高校在制定薪酬制度时,需要综合考虑绝对收入和相对收入对辅导员工作幸福感的影响,通过适当提升辅导员的薪资待遇来增强他们的工作幸福感。

(四)改善高校辅导员的工作环境

从我们大范围调查和因素分析的结果来看,无论是高校辅导员职业价值观的构成要素,还是高校辅导员工作幸福感的构成要素,均涉及工作环境,而且这里的工作环境主要是指心理环境。在我们不同阶段的访谈中也可以深切地体会到心理环境对高校辅导员工作幸福感的重要影响。人本主义心理学家马斯洛认为,归属与爱的需要、尊重需要是人类非常重要的需要(彭运石,1999)。目前,高校辅导员工作的重要性在一定范围内尚未得到充分重视,辅导员普遍感到在校内地位不高,未能得到应有的尊重与认可。为此,教育主管部门和高校应通过各种媒体,广泛宣传辅导员在学生成长与成才过程中所发挥的重要作用,逐渐提升人们对辅导员工作的认可度,提升辅导员的社会地位。同时,高校不同层面的相关领导应多走近辅导员,关心辅导员,倾听他们的心声,满足他们的合理诉求,这将有助于营造一种温馨和谐的工作环境,增强辅导员的归属感。

(五)建立高校辅导员荣誉体系

根据马斯洛的需要层次理论,在同一时期内,人们会同时存在多种需要,但总有一种需要是占主导的或支配的地位,这种需要被称为优势需要，而人们的行为主要是受优势需要支配的。当较低层次的需要得到相对满足以后，人们就会追求较高层次需要的满足，而且高层次需要的满足会对人的行为具有持久的激励作用（曹海英，2016）。我们通过大范围问卷调查发现，当前高校辅导员在评价职业时最为看重的是"社会价值"，而"工作成就"也是高校辅导员工作幸福感的一个构成要素。相关部门和组织所授予的荣誉称号等是辅导员社会价值和工作成就的重要体现。在我们后期的访谈中，既有辅导员也有辅导员工作负责人提到了应重视加强高校辅导员荣誉体系建设。除积极推荐辅导员参与"全国辅导员年度人物"、省市"高校十佳辅导员"、省市"高校优秀辅导员"等评选外，高校还可根据自身的情况，面向辅导员设立相关荣誉称号和奖励，每年评选出一批辅导员年度人物和优秀辅导员，从而增强辅导员的职业荣誉感，提升辅导员的职业认同感和工作幸福感。

（六）减轻高校辅导员的心理压力

在我们关于如何提升辅导员工作幸福感的焦点小组访谈中，有辅导员谈到，事务性工作再忙、再多也不怕，主要是由于担心学生中的突发事件而带来的心理压力和无限责任让辅导员时常感到焦虑不安。在研究后期的访谈中，也有辅导员提到，如何减轻辅导员来自学生危机事件的精神压力和心理压力是一个非常重要的问题。还有辅导员工作负责人提到，要考虑如何分担辅导员的危机压力。可见，来自学生中的突发事件或危机事件对高校辅导员的工作幸福感的确有着重要影响。尤其是涉及学生意外身亡的危机事件，近年来给高校各个层面带来巨大压力和困扰，而辅导员往往承受了其中最大的压力。有辅导员在焦点小组访谈中质疑，为什么不管辅导员工作干得怎么样，只要学生一出事，一夜之间成绩都归于零呢？为此，高校需要依据相关法律法规，厘清出现此类事件时有关各方所应承担的责任。教育部于2002年出台的《学生伤害事故处理办法》规定，在学校已经履行了相应职责，行为并无不当的情况下，因"学生有特异体质、特定疾病或者异常心理状态，学校不知道或者难于知道"，"学生自杀、自伤"而发生的学生伤害事故，以及"在学生自行外出或者擅自离校期间发生的"学生伤害事故，学校无法律责任。因此，如果辅导员确已履行相应职责，行为并无不当，高校在处理此类事件时就应考虑适当分担辅导员的危机压力，这样才能避免辅导员由于时常担心发生危机事件而焦虑不安，避免因此类事件而弱化整个辅导员队伍的工作幸福感。

第八章 总结与展望

一 关于高校辅导员职业价值观

我们遵循心理测量学程序,采用结构化访谈、开放式问卷调查和封闭式问卷调查,通过问卷项目分析、探索性因素分析和验证性因素分析,发现高校辅导员职业价值观的结构由能力发挥、薪资待遇、社会价值、工作环境四个因素构成。

经检验,我们所编制的高校辅导员职业价值观问卷具有良好的信度与效度,可作为高校辅导员职业价值观的测评工具。

采用高校辅导员职业价值观问卷面向国内不同高校的辅导员进行抽样调查发现,总体而言,高校辅导员在评价职业时,较为看重的方面依次为社会价值、能力发挥、薪资待遇、工作环境。从高校辅导员对职业价值观问卷各条目的评分来看,重要性评分排在前三位的是"对他人有帮助""工作有价值感""自己能够胜任",重要性评分排在后三位的是"经济收入较高""管理不能过严""工作单位在较好的城市",显示当前高校辅导员更为看重的是内在价值和精神需求的满足,外在价值和物质需求满足的重要性相对降低,表明当前高校辅导员总体上有着积极正向的职业价值观。

数据分析显示,不同性别高校辅导员对职业价值观所包含的能力发挥、薪资待遇、社会价值和工作环境四个因素的看重程度不存在显著差异。但从职业价值观问卷具体条目来看，女性辅导员更为看重"个人兴趣爱好与职业发展密切相关"，男性辅导员更为看重"能为社会发展做出一定贡献"。

不同年龄段高校辅导员对能力发挥、薪资待遇、社会价值和工作环境的看重程度没有显著差异，但从职业价值观问卷具体条目来看，年轻辅导员相对而言更为看重"与自己的世界观、人生观、价值观相契合""能使人从中得到快乐""管理不能过严""能为社会发展做出一定贡献""有明确的晋升途径"。

不同受教育程度的高校辅导员对能力发挥、薪资待遇、社会价值、工作环境的看重程度存在显著差异，受教育程度为本科和硕士的辅导员对这四个因素的看重程度相对而言高于受教育程度为博士的辅导员。从职业价值观问卷具体条目来看，受教育程度为本科和硕士的辅导员对大多数条目的看重程度均高于受教育程度为博士的辅导员。

不同工作年限的高校辅导员对能力发挥、薪资待遇、社会价值和工作环境四个因素的看重程度总体而言不存在显著差异。但从职业价值观问卷具体条目来看，入职时间较短的辅导员相对而言更为看重"能够发挥自己的优势和特长"和"能挖掘个人潜力"。

重点本科院校、普通本科院校和高职高专院校的辅导员对能力发挥、薪资待遇、社会价值和工作环境四个因素的看重程度不存在显著差异。但从职业价值观问卷具体条目来看，来自重点本科院校的辅导员相对而言更为看重"有施展自己想法的空间"。

二 关于高校辅导员工作幸福感

遵循心理测量学程序，采用结构化访谈、开放式问卷调查和封闭式问卷调查，通过问卷项目分析、探索性因素分析和验证性因素分析，发现高校辅导员工作幸福感的结构由共同成长、师生情感、工作成就、环境宽松、发展空间五个因素构成。

经检验，我们所编制的高校辅导员工作幸福感问卷具有良好的信度与效度，可作为高校辅导员工作幸福感的测评工具。

采用高校辅导员工作幸福感问卷面向国内不同高校的辅导员进行抽样调查发现，高校辅导员工作幸福感的来源依次为共同成长、师生情感、工作成就、发展空间、环境宽松。数据显示，近半数辅导员工作幸福感有待提升。

从高校辅导员对工作幸福感问卷各条目的评分来看，平均分排在前三位的是"看到学生在自己帮助下进步与成长""学生的信任、理解和支持""帮助困难学生渡过难关"，平均分排在后三位的是"相对比较自由""有较为规律的作息""不像中学老师压力那么大"，表明高校辅导员的工作幸福感主要来自于学生。

统计表明，多数高校辅导员较为喜欢自身工作。高校辅导员对自身工作的喜欢程度与工作幸福感存在显著相关。

数据分析显示，不同性别高校辅导员在工作幸福感总分以及共同成长、师生情感、工作成就、环境宽松和发展空间五个方面均不存在显著差异。

不同年龄段的高校辅导员在工作幸福感总分以及工作幸福感所包含的五个因素上均不存在显著差异。但是经多重比较发现，年轻辅导员在环境宽松方面的满意度总体而言相对较低。

不同受教育程度的高校辅导员在工作幸福感总分以及共同成长、师生情感、工作成就、发展空间四个因素上存在显著差异，在环境宽松这一因素上差异不显著。经多重比较发现，受教育程度为博士的高校辅导员工作幸福感总水平相对较低。

不同工作年限高校辅导员在工作幸福感总分以及共同成长、师生情感、工作成就、环境宽松和发展空间五个因素上均不存在显著差异。从高校辅导员工作幸福感问卷具体条目来看，"帮助困难学生渡过难关"是入职时间较短的辅导员工作幸福感的重要来源。

重点本科院校、普通本科院校和高职高专院校的辅导员在工作幸福感总分以及共同成长、师生情感、工作成就和发展空间四个因素上不存在显著差异，在环境宽松这一因素上差异显著。经多重比较发现，重点本科院校的辅导员对于环境宽松的满意度相对较低。从对自身工作的喜欢程度来看，总体而言，高职高专院校在提升辅导员对自身工作的喜欢程度方面有更大空间。

三 关于高校辅导员职业价值观与工作幸福感的关系

相关分析显示，高校辅导员职业价值观与工作幸福感以及所包含的各因素之间均呈正相关，且相关程度达到显著水平，表明高校辅导员职业价值观与工作幸福感之间确实存在着相互影响的关系。从相关程度高低来看，高校辅导员职业价值观所包含的"社会价值"和"能力发挥"两个因素与工作幸福感的相关度相对较高。

回归分析结果表明，高校辅导员职业价值观所包含的"社会价值"和"能力发挥"两个因素能够显著预测高校辅导员的工作幸福感。同时，高校辅导员工作幸福感所包含的"共同成长""环境宽松"和"工作成就"三个因素对职业价值观有显著影响。

路径分析结果显示，高校辅导员职业价值观总分能够显著正向预测工作幸福感总分。从具体维度来看，高校辅导员职业价值观所包含的"能力发挥"对工作幸福感所包含的共同成长、师生情感、工作成就和发展空间具有显著的正向影响；高校辅导员职业价值观所包含的"薪资待遇"对工作幸福感所包含的发展空间具有显著正向预测作用；高校辅导员职业价值观所包含的"社会价值"对工作幸福感所包含的共同成长、师生情感、工作成就、环境宽松和发展空间五个维度均具有显著的正向预测作用；高校辅导员职业价值观所包含的"工作环境"对工作幸福感所包含的共同成长和环境宽松具有显著的正向影响。

四 关于高校辅导员职业价值观培育与工作幸福感提升路径

我们基于问卷调查和结构访谈的结果,建议通过以下路径培育高校辅导员职业价值观:营造良好校园舆论环境;发挥榜样示范引领作用;深入开展职业价值讨论;提供职业培训交流机会;不断加强自我学习思考。

基于问卷调查和结构访谈的结果,建议通过以下路径提升高校辅导员工作幸福感:解决高校辅导员发展路径;完善高校辅导员评价机制;提升高校辅导员薪资待遇;改善高校辅导员工作环境;建立高校辅导员荣誉体系;减轻高校辅导员心理压力。

五 研究不足与展望

(一)研究存在的不足

尽管我们通过一系列的结构访谈、问卷调查和数据分析获得了较多有价值的发现,但仍然存在着一些不足。主要不足包括:高校辅导员职业价值观与工作幸福感正式问卷调查有效样本总数虽然达到了大样本的要求,但在对不同年龄和不同受教育程度高校辅导员职业价值观与工作幸福感进行比较分析时,在有的年龄段和受教育程度上样本量偏小;受时间和资源所限,在研究后期探讨高校辅导员职业价值观培育与工作幸福感提升路径时,所访谈的辅导员工作负责人和辅导员人数偏少,且未能获得来自高职高专院校受访者的回复;在研究后期的访谈中,由于时值假期,对有的受访对象进行电话访谈或当面访谈存在不便,于是请受访对象根据自身情况选择交流方式,有的受访者选择了文字回复,有的受访者选择了电话交流或当面交流,交流方式不统一导致来自不同访谈对象的信息量存在较大差异。

（二）对未来研究的展望

在我们现有发现的基础上，关于高校辅导员职业价值观与工作幸福感的研究，还有不少值得继续深入探讨的问题。

我们发现，从职业价值观来看，高校辅导员更为看重的是内在价值和精神需求的满足，外在价值和物质需求满足的重要性相对降低。根据人本主义心理学家马斯洛的需要层次理论，当人们的生存需要、安全需要、归属与爱的需要得到相对满足后，较高层次的尊重需要、自我价值实现的需要就会成为主导需要，而且高层次需要的满足会对人的行为产生持久的激励作用。因此，如何更好地满足高校辅导员的高层次需要，激发高校辅导员的工作热情，是教育主管部门和高校管理者所面临的重要课题。相关领域的研究者需要就此开展更为深入的探讨，从而为教育主管部门和高校管理者提供决策参考。

从我们不同阶段的访谈以及研究初期的开放式问卷调查中，均可以深切地体会到，不同学校、不同学院、不同个体之间，高校辅导员的工作幸福感存在很大差异。即使身处同一所高校，有的辅导员工作幸福感非常高，有的辅导员工作幸福感非常低，这可能与同一所高校不同学院之间领导风格、同事关系、收入待遇等因素有关，也与辅导员个人的个性特征、胜任水平、职业期待等因素有关。我们重点关注的是职业价值观与高校辅导员工作幸福感之间的关系，对于其他影响高校辅导员工作幸福感的因素虽有所涉及，但并不全面和深入，在影响高校辅导员工作幸福感的众多因素中，哪些因素影响最大？哪些因素影响相对较小？就此开展深入研究将有助于更有针对性地从国家层面、学校层面、学院层面、个人层面探讨提升高校辅导员工作幸福感的路径。

我们发现，无论是对于不同高校辅导员群体职业价值观的比较分析，还是对于高校辅导员工作幸福感的比较分析，结果均显示不同受教育程度高校辅导员之间的差异最大。从总体而言，受教育程度为本科和硕士的辅导员对职业价值观所包含的能力发挥、薪资待遇、社会价值、工作环境四个因素的看重程度高于受教育程度为博士的辅导员。受教育程度为博士的高校辅导员工作幸福感相对较低。尽管我们就此进行了一定的原因分析，但由于条件所限，未能选取适当数量的受教育程度为博士的高校辅导员进行深入调查和访谈。未来的研究可考虑对此进行更加深入的考察，从而为高校确定辅导员选聘标准和有针对性地提升受教育程度为博士的辅导员的工作幸福感提供参考。

随着经济社会的不断发展，人们的职业价值观也会在不知不觉中发生变化。同时，随着国家层面和高校层面与辅导员有关的政策不断完善和落实，高校辅导员的工作幸福感也会发生积极的变化。因此，高校辅导员职业价值观与工作幸福感是值得开展纵向追踪研究的课题。数年之后，高校辅导员职业价值观培育和工作幸福感提升也许会面临新的挑战，需要相关领域的研究者在新的时代背景下继续开展研究，以得出符合高校辅导员队伍建设需要的研究成果。

附录

附录1　高校辅导员职业价值观与工作幸福感调查

（初测问卷）

尊敬的老师：

您好！这是一项关于高校辅导员职业价值观与工作幸福感的调查，请您协助回答以下问题。本调查仅供研究之用，没有对错之分，回答时不必过多考虑，只要符合您的实际情况就行，我们将对您的信息严加保密。您的回答直接关系到本研究的成效，因此衷心感谢您的热心支持与配合！

全国教育科学"十二五"规划教育部重点课题
"高校辅导员职业价值观与工作幸福感及其相互促进机制研究"课题组

为了便于我们统计分析，请先填答您的以下基本情况（请在符合您情况的选项后打"√"）：

1. 性别：
(1) 男（　　）　　(2) 女（　　）
2. 年龄：
(1) 25岁以下（　　）　　(2) 25—34岁（　　）
(3) 35—44岁（　　）　　(4) 45岁及以上（　　）
3. 婚姻状况：
(1) 已婚（　　）　　(2) 未婚（　　）
4. 做辅导员工作的年限：
(1) 5年以下（　　）　　(2) 5—9年（　　）

（3）10 年及以上（　）

5. 受教育程度：

（1）大专（　）　　（2）本科（　）

（3）硕士（　）　　（4）博士（　）

6. 所在高校是：

（1）高职高专院校（　）　　（2）普通本科院校（　）

（3）重点本科院校（　）

7. 请写出您工作所在的城市：

第一部分：以下条目对于您心目中理想的职业有多重要？下表右侧数字 1、2、3、4、5 分别对应"很不重要""不太重要""有点重要""比较重要""非常重要"，请在相应的数字后打√。

条　　目	很不重要	不太重要	有点重要	比较重要	非常重要
1. 具有较好的个人发展空间	1	2	3	4	5
2. 舒适的工作环境	1	2	3	4	5
3. 经济收入较高	1	2	3	4	5
4. 在社会上受到人们尊重	1	2	3	4	5
5. 和谐的工作氛围	1	2	3	4	5
6. 工作压力适中	1	2	3	4	5
7. 与自己所学专业有一定关联	1	2	3	4	5
8. 有较多假期	1	2	3	4	5
9. 福利待遇较好	1	2	3	4	5
10. 领导具有亲和力	1	2	3	4	5
11. 能够发挥自己的优势和特长	1	2	3	4	5
12. 有良好的归属感	1	2	3	4	5
13. 工作过程中权责明确	1	2	3	4	5
14. 能挖掘个人潜力	1	2	3	4	5

续表

条　目	很不重要	不太重要	有点重要	比较重要	非常重要
15. 与个人的奋斗目标一致	1	2	3	4	5
16. 自己能够胜任	1	2	3	4	5
17. 培训交流机制健全	1	2	3	4	5
18. 有明确的晋升途径	1	2	3	4	5
19. 能促进自己各方面的进步	1	2	3	4	5
20. 考核与奖励机制科学规范	1	2	3	4	5
21. 单位前景乐观	1	2	3	4	5
22. 上下班时间规律	1	2	3	4	5
23. 有稳定的经济收入	1	2	3	4	5
24. 工作单位在较好的城市	1	2	3	4	5
25. 具有较高的社会认可度	1	2	3	4	5
26. 工作有价值感	1	2	3	4	5
27. 个人兴趣爱好与职业发展密切相关	1	2	3	4	5
28. 薪酬制度科学合理	1	2	3	4	5
29. 有施展自己想法的空间	1	2	3	4	5
30. 与自己的世界观、人生观、价值观相契合	1	2	3	4	5
31. 工作时间能够灵活一些	1	2	3	4	5
32. 收入回报与工作投入成正比	1	2	3	4	5
33. 管理不能过严	1	2	3	4	5
34. 让人充满激情和动力	1	2	3	4	5
35. 有一定业余时间满足个人爱好	1	2	3	4	5
36. 社会地位比较高	1	2	3	4	5

续表

条　目	很不重要	不太重要	有点重要	比较重要	非常重要
37. 不是纯粹为了收入、利益而工作	1	2	3	4	5
38. 职业要求与个人性格特征较一致	1	2	3	4	5
39. 能使人从中得到快乐	1	2	3	4	5
40. 工作具有稳定性	1	2	3	4	5
41. 有和家人相处的时间	1	2	3	4	5
42. 对他人有帮助	1	2	3	4	5
43. 能为社会发展做出一定贡献	1	2	3	4	5
44. 工作能有成就感	1	2	3	4	5
45. 有比较完善的养老、医疗等保障	1	2	3	4	5
46. 让人具有幸福感	1	2	3	4	5
47. 能有效避免从业者的职业倦怠	1	2	3	4	5

第二部分：请评价下列条目对于高校辅导员工作幸福感的重要性。右侧数字1、2、3、4、5分别对应"很不重要""不太重要""有点重要""比较重要""非常重要"，请在相应数字后打√。

条　目	很不重要	不太重要	有点重要	比较重要	非常重要
1. 看到学生在自己帮助下进步与成长	1	2	3	4	5
2. 学生的喜爱和尊重	1	2	3	4	5
3. 同事关系融洽	1	2	3	4	5
4. 领导对自己工作的认可	1	2	3	4	5
5. 社会对高校老师的尊重	1	2	3	4	5

续表

条　目	很不重要	不太重要	有点重要	比较重要	非常重要
6. 工作稳定	1	2	3	4	5
7. 有较多的学习和培训机会	1	2	3	4	5
8. 国家对辅导员工作重要性的认可	1	2	3	4	5
9. 有发展空间，有奔头	1	2	3	4	5
10. 和学生在一起心态年轻	1	2	3	4	5
11. 不像中学老师压力那么大	1	2	3	4	5
12. 有满足业余爱好的时间	1	2	3	4	5
13. 办公环境好	1	2	3	4	5
14. 图书馆文献丰富	1	2	3	4	5
15. 有较为规律的作息	1	2	3	4	5
16. 有不错的工作收入	1	2	3	4	5
17. 校园环境好	1	2	3	4	5
18. 有寒暑假	1	2	3	4	5
19. 相对比较自由	1	2	3	4	5
20. 有归属感	1	2	3	4	5
21. 与领导相处默契	1	2	3	4	5
22. 师生关系和谐	1	2	3	4	5
23. 能帮助学生解决学业、心理等方面的问题	1	2	3	4	5
24. 学生的信任、理解和支持	1	2	3	4	5
25. 帮助困难学生渡过难关	1	2	3	4	5
26. 学生取得好的学业成绩	1	2	3	4	5
27. 与学生一起成长	1	2	3	4	5
28. 和学生以心换心的幸福感	1	2	3	4	5

续表

条 目	很不重要	不太重要	有点重要	比较重要	非常重要
29. 领导对工作的理解和帮助	1	2	3	4	5
30. 学生在各类竞赛中获奖	1	2	3	4	5
31. 同事对自己工作的认可	1	2	3	4	5
32. 家人的支持与理解	1	2	3	4	5
33. 领导的信任	1	2	3	4	5
34. 能学到许多做事做人的方法	1	2	3	4	5
35. 自己在工作上的创新得到认同	1	2	3	4	5
36. 个人职业能力和专业素养的提升	1	2	3	4	5
37. 学生对自己工作的认可	1	2	3	4	5
38. 工作业绩的进步	1	2	3	4	5
39. 和学生分享好文章、好视频等觉得开心	1	2	3	4	5
40. 通过和青年人交流感受到自己的价值所在	1	2	3	4	5
41. 学生对老师的关心	1	2	3	4	5
42. 工作取得成效	1	2	3	4	5
43. 看到学生是未来的希望，会有一种荣耀感	1	2	3	4	5
44. 学生中出现的问题得到圆满解决	1	2	3	4	5
45. 家长对自己工作的认可	1	2	3	4	5
46. 对某项突发或棘手事件的妥善处理	1	2	3	4	5
47. 在为学生付出时感到快乐	1	2	3	4	5
48. 工作有一定成就	1	2	3	4	5
49. 节日期间学生的问候与祝福	1	2	3	4	5
50. 顺利地带完一届学生	1	2	3	4	5

续表

条　目	很不重要	不太重要	有点重要	比较重要	非常重要
51. 工作得到有关部门嘉奖	1	2	3	4	5
52. 学生毕业时的留恋	1	2	3	4	5
53. 看到毕业学生有一个好的前途	1	2	3	4	5
54. 毕业学生的感谢和问候	1	2	3	4	5
55. 毕业的学生一块儿回来看望自己	1	2	3	4	5
56. 学生毕业后取得成就	1	2	3	4	5
57. 一种学生遍天下的自豪感	1	2	3	4	5
58. 自我价值和社会价值的实现	1	2	3	4	5

第三部分：如果数字0代表"很不喜欢"，10代表"非常喜欢"，请从以下数字中选择一个来代表您对辅导员工作的喜欢程度，并在这个数字后打√。

0　1　2　3　4　5　6　7　8　9　10

再次感谢您的支持，祝您一切顺利！

附录2　高校辅导员职业价值观与工作幸福感调查
（正式问卷）

尊敬的老师：

您好！这是一项关于高校辅导员职业价值观与工作幸福感的调查，请您协助回答以下问题。本调查仅供研究之用，没有对错之分，回答时不必过多考虑，只要符合您的实际情况就行，我们将对您的信息严加保密。您的回答直接关系到本研究的成效，因此衷心感谢您的热心支持与配合！

全国教育科学"十二五"规划教育部重点课题
"高校辅导员职业价值观与工作幸福感及其相互促进机制研究"课题组

为了便于我们统计分析，请先填答您的以下基本情况（请在符合您情况的选项后打"√"）：

1. 性别：

（1）男（ ）　　（2）女（ ）

2. 年龄：

（1）25岁以下（ ）　　（2）25—34岁（ ）

（3）35—44岁（ ）　　（4）45岁及以上（ ）

3. 婚姻状况：

（1）已婚（ ）　　（2）未婚（ ）

4. 做辅导员工作的年限：

（1）5年以下（ ）　　（2）5—9年（ ）

（3）10年及以上（ ）

5. 受教育程度：

（1）大专（ ）　　（2）本科（ ）

（3）硕士（ ）　　（4）博士（ ）

6. 所在高校：

（1）高职高专院校（ ）　　（2）普通本科院校（ ）

（3）重点本科院校（ ）

7. 请写出您工作所在的城市：

第一部分：以下条目对于您心目中理想的职业有多重要？下表右侧数字1、2、3、4、5分别对应"很不重要""不太重要""有点重要""比较重要""非常重要",请在相应的数字后打√。

条　目	很不重要	不太重要	有点重要	比较重要	非常重要
1. 能够发挥自己的优势和特长	1	2	3	4	5
2. 工作有价值感	1	2	3	4	5
3. 能挖掘个人潜力	1	2	3	4	5
4. 与个人的奋斗目标一致	1	2	3	4	5
5. 能促进自己各方面的进步	1	2	3	4	5
6. 个人兴趣爱好与职业发展密切相关	1	2	3	4	5
7. 自己能够胜任	1	2	3	4	5
8. 有施展自己想法的空间	1	2	3	4	5
9. 与自己的世界观、人生观、价值观相契合	1	2	3	4	5
10. 对他人有帮助	1	2	3	4	5
11. 能为社会发展做出一定贡献	1	2	3	4	5
12. 工作具有稳定性	1	2	3	4	5
13. 能使人从中得到快乐	1	2	3	4	5
14. 管理不能过严	1	2	3	4	5
15. 有较多假期	1	2	3	4	5
16. 工作单位在较好的城市	1	2	3	4	5
17. 工作时间能够灵活一些	1	2	3	4	5
18. 经济收入较高	1	2	3	4	5
19. 福利待遇较好	1	2	3	4	5
20. 薪酬制度科学合理	1	2	3	4	5
21. 收入回报与工作投入成正比	1	2	3	4	5
22. 有明确的晋升途径	1	2	3	4	5
23. 单位前景乐观	1	2	3	4	5

第二部分：下列与工作有关的描述是您工作幸福感的来源吗？右侧数字 1、2、3、4、5 分别对应"很不符合""不太符合""有点符合""比较符合""非常符合"，请在相应数字后打√。

条　目	很不符合	不太符合	有点符合	比较符合	非常符合
1. 与学生一起成长	1	2	3	4	5
2. 帮助困难学生渡过难关	1	2	3	4	5
3. 学生的信任、理解和支持	1	2	3	4	5
4. 和学生以心换心的幸福感	1	2	3	4	5
5. 学生取得好的学业成绩	1	2	3	4	5
6. 能帮助学生解决学业、心理等方面的问题	1	2	3	4	5
7. 师生关系和谐	1	2	3	4	5
8. 看到学生在自己帮助下进步与成长	1	2	3	4	5
9. 和学生在一起心态年轻	1	2	3	4	5
10. 有满足业余爱好的时间	1	2	3	4	5
11. 不像中学老师压力那么大	1	2	3	4	5
12. 有较为规律的作息	1	2	3	4	5
13. 相对比较自由	1	2	3	4	5
14. 对某项突发或棘手事件的妥善处理	1	2	3	4	5
15. 家长对自己工作的认可	1	2	3	4	5
16. 学生中出现的问题得到圆满解决	1	2	3	4	5
17. 工作取得成效	1	2	3	4	5
18. 在为学生付出时会感到快乐	1	2	3	4	5
19. 工作有一定成就	1	2	3	4	5
20. 通过和青年人交流感受到自己的价值所在	1	2	3	4	5

续表

条　目	很不符合	不太符合	有点符合	比较符合	非常符合
21. 顺利地带完一届学生	1	2	3	4	5
22. 节日期间学生的问候与祝福	1	2	3	4	5
23. 学生毕业时的留恋	1	2	3	4	5
24. 毕业学生的感谢和问候	1	2	3	4	5
25. 一种学生遍天下的自豪感	1	2	3	4	5
26. 毕业的学生一块儿回来看望自己	1	2	3	4	5
27. 有较多的学习和培训机会	1	2	3	4	5
28. 有发展空间，有奔头	1	2	3	4	5
29. 社会对高校老师的尊重	1	2	3	4	5
30. 工作稳定	1	2	3	4	5
31. 国家对辅导员工作重要性的认可	1	2	3	4	5

第三部分：如果数字 0 代表"很不喜欢"，10 代表"非常喜欢"，请从以下数字中选择一个来代表您对辅导员工作的喜欢程度，并在这个数字后打√。

0　1　2　3　4　5　6　7　8　9　10

再次感谢您的支持，祝您一切顺利！

参考文献

毕重增、黄希庭：《青年学生自信问卷的编制》，《心理学报》2009年总第41卷第5期。

［美］伯克·约翰逊、拉里·克里斯滕森：《教育研究定量、定性和混合方法》，马健生等译，重庆大学出版社2014年版。

曹海英：《人力资源管理概论》，中国金融出版社2016年版。

陈浩、李天然、马华维：《当代大学生职业价值观现状研究》，《心理学探新》2012年总第32卷第6期。

陈莹、郑涌：《价值观与行为的一致性争议》，《心理科学进展》2010年总第18卷第10期。

［美］德维利斯：《量表编制：理论与应用》，魏勇刚、席仲恩、龙长权译，李红校，重庆大学出版社2010年版。

［美］迪米特洛夫：《心理与教育中高级研究方法与数据分析——从研究设计到SPSS》，王爱民、韩瀚、张若舟等译，中国轻工业出版社2015年版。

董奇、申继亮：《心理与教育研究法》，浙江教育出版社2005年版。

冯刚：《高校辅导员队伍专业化、职业化建设的发展路径——〈普通高等学校辅导员队伍建设规定〉颁布十年的回顾与展望》，《思想理论教育》2016年第11期。

郭杨：《中国人工作幸福感的结构维度研究》，学位论文，广东外语外贸大学，2008年。

何登溢：《高校辅导员职业发展研究》，学位论文，南京师范大学，2016年。

黄国隆：《台湾与大陆企业员工工作价值观之比较》，《本土心理学研究》1995年第4期。

黄亮：《工作幸福感与员工创新绩效关系研究述评》，《商业时代》2013年第25期。

黄亮：《中国企业员工工作幸福感的维度结构研究》，《中央财经大学学报》2014年第10期。

黄希庭：《构建和谐社会 呼唤中国化人格与社会心理学研究》，《心理科学进展》2007年总第15卷第2期。

黄希庭：《心理学导论》，人民教育出版社2015年版。

黄希庭、张进辅、李红等：《当代中国青年价值观与教育》，四川教育出版社1994年版。

黄希庭、郑涌等：《当代中国青年价值观研究》，人民教育出版社2005年版。

教育部：《普通高等学校辅导员队伍建设规定》（2017－9－21）［2018－8－12］，http：//www.moe.gov.cn/srcsite/A02/s5911/moe_621/201709/t20170929_315781.html。

金盛华、李雪：《大学生职业价值观：手段与目的》，《心理学报》2005年第5期。

金盛华、辛志勇：《中国人价值观研究的现状及发展趋势》，《北京师范大学学报》（社会科学版）2003年第3期。

李淑含：《广东IT企业员工工作幸福感结构及其相关研究》，学位论文，暨南大学，2009年。

李焰、赵君：《幸福感研究概述》，《沈阳师范大学学报》（社会科学版）2004年第2期。

李元墩、钟志明：《企业文化、员工工作价值观及组织承诺之关联性研究——以台湾地区主要集团企业为例》，《长荣学报》2001年第2期。

梁广东：《高校辅导员职业价值观培育研究》，《教育理论与实践》2017年第30期。

凌文辁、方俐洛、白利刚：《我国大学生的职业价值观研究》，《心理学报》1999年第3期。

刘江涛、刘立佳：《SPSS数据统计与分析应用教程（基础篇）》，清华大学出版社2017年版。

刘璐俐：《大专学生工作价值观之调查研究》，第三届两岸心理与教育测验学术研讨会，1997年。

刘舒榕：《工作特征与工作幸福感的关系——个人—组织匹配的调节作用》，学位论文，广东外语外贸大学，2015年。

[美]罗伯特·格雷戈里：《心理测量：历史、原理及应用》，施俊琦等译，机械工业出版社2013年版。

马昕：《"80后"员工职业价值观研究》，《经营管理者》2011年第10期。

马英：《高校辅导员职业价值观与工作绩效关系研究》，学位论文，大连理工大学，2017年。

[美]麦金太尔、米勒：《心理测量》，骆方、孙晓敏译，中国轻工业出版社2009年版。

苗元江：《心理学视野中的幸福——幸福感理论与测评研究》，学位论文，南京师范大学，2003年。

苗元江、冯骥、白苏妤：《工作幸福感概观》，《经济管理》2009年第10期。

苗耀辉、姚奎栋、史丹：《高校辅导员职业价值观存在的问题与对策分析》，《理论界》2013年第5期。

宁维卫：《中国城市青年职业价值观研究》，《成都大学学报》1996年第4期。

潘登：《高校辅导员职业价值观的初步研究》，学位论文，西南大学，2009年。

潘静洲：《社会比较视角下的职业成功与幸福感关系探析》，天津大学出版社2016年版。

庞宇、蔡宁伟、彭永芳等：《工作幸福感研究评述与展望》，《经济研究参考》2018年第8期。

彭怡、陈红：《基于整合视角的幸福感内涵研析与重构》，《心理科学进展》2010年第7期。

彭运石：《走向生命的巅峰：马斯洛的人本心理学》，湖北教育出版社1999年版。

荣泰生：《AMOS与研究方法》，重庆大学出版社2009年版。

孙健敏等：《幸福社会：提升幸福感的多元视角》，中国人民大学出版社2015年版。

孙健敏、李秀凤、林丛丛：《工作幸福感的概念演进与测量》，《中国人力资源开发》2016年第13期。

唐文清、张进辅：《中外价值观研究述评》，《心理科学》2008年第3期。

王垒、马洪波、姚翔：《当代北京大学生工作价值观结构研究》，《心理与行为研究》2003年第1期。

王佳艺、胡安安：《主观工作幸福感研究述评》，《外国经济与管理》2006年第8期。

文峰：《工作幸福感的结构和相关研究》，学位论文，暨南大学，2006年。

吴明隆：《问卷统计分析实务——SPSS操作与应用》，重庆大学出版社2010年版。

吴有庆、童立华：《统计学原理》，上海财经大学出版社2013年版。

吴彬：《高校辅导员职业幸福感影响因素分析》，《学校党建与思想教育》2013年第11期。

辛志勇、金盛华：《西方学校价值观教育方法的发展及其启示》，《比较教育研究》2002年第4期。

许燕：《北京大学生价值观研究及其教育建议》，《教育研究》1999年第5期。

许用：《澳门公务员工作幸福感研究》，学位论文，暨南大学，2008年。

杨静、张进辅：《青年职业价值观研究述评》，《价值工程》2004年第9期。

杨宜音、张曙光：《社会心理学》，首都经济贸易大学出版社2015年版。

于海波、张大均、张进辅：《高校师生职业价值观研究的初步构想》，《西南师范大学学报》（人文社会科学版）2001年第2期。

余华、黄希庭：《大学生与内地企业员工职业价值观的比较研究》，《心理科学》2000年第6期。

袁正、李玲：《婚姻与幸福感：基于WVS的中国微观数据》，《中国经济问题》2017年第1期。

詹雪芳：《高校辅导员职业幸福感的现状研究》，学位论文，中国计量学院，2012年。

张爱莲、黄希庭：《从国内有关研究看经济状况对个体幸福感的影响》，《心理科学进展》2010年第7期。

张宏如：《知识型员工工作满意度与职业价值观关系研究》，《首都经济贸易大学学报》2009年第6期。

张进辅：《现代青年心理学》，重庆出版社2005年版。

张进辅：《论青年价值观的形成与引导》，《西南大学学报》（社会科学版）2007年第3期。

张兴贵、罗中正、严标宾：《个人—环境（组织）匹配视角的员工幸福感》，《心理科学进展》2012年第6期。

张玉柱、金盛华：《高校教师职业幸福感的结构与测量》，《心理与行为研究》2013年第5期。

张志杰：《心理学研究方法》，开明出版社2012年版。

郑国娟、张丽娟：《从"幸福心理学"论提升工作幸福感》，《企业活力》2006年第9期。

郑洁、阎力：《职业价值观研究综述》，《中国人力资源开发》2005年第11期。

周国韬、盖笑松：《积极心理学与教师心理调适》，中国轻工业出版社2012年版。

周开济、鲁林、王映朝等：《个体价值观与幸福感的关系及其影响因素》，《心理技术与应用》2017年第8期。

邹琼、佐斌、代涛涛：《工作幸福感：概念、测量水平与因果模型》，《心理科学进展》2015年第4期。

Aldag, R. J., Brief, A. P. "Some Correlates of Work Values." *Journal of Applied Psychology*, 1975, 60 (6): 757 – 760.

Bakker, A. B., Oerlemans, W. G. M. *Subjective Well-being in Organizations*. The Oxford Handbook of Positive Organizational Scholarship, 2011: 178 – 189.

Dagenais-Desmarais, V., Savoie, A. "What Is Psychological Well-being, Really? A Grassroots Approach from the Organizational Sciences." *Journal of Happiness Studies*, 2012, 13 (4): 659 – 684.

Daniels, K., Harris, C. "Work, Psychological Well-being and Performance." *Occupational Medicine*, 2000, 50 (5): 304.

Diener, E. "Subjective Well-being: The Science of Happiness and a Proposal for a National Index." *American Psychologist*, 2000, 55 (1): 34 – 43.

Diener, E., Scollon, C. N., Lucas, R. E. "The Evolving Concept of Subjective Well-Being: The Multifaceted Nature of Happiness." *Advances in Cell Aging & Gerontology*, 2003, 15 (4): 187 – 219.

Elizur, D. "Facets of Work Values: A Structural Analysis of Work Outcomes." *Journal of Applied Psychology*, 1984, 69 (3): 379 – 389.

Hair, J. F., Anderson, R. E., Tatham, R. L., et al. *Multivariate Data Analysis*. 7th ed. Englewood Cliffs, New Jersey: Prentice-Hall Inc, 2009.

Kalleberg, A. L. "Work Values and Job Rewards: A Theory of Job Satisfaction." *American Sociological Review*, 1997, 42 (1): 124 – 143.

Keyes, C. L. M., Shmotkin, D., Ryff, C. D. "Optimizing Well-being: The Empirical Encounter of Two Traditions." *Journal of Personality & Social Psychology*, 2002, 82 (6): 1007 – 1022.

Kluckhohn, C. *Value and Value Orientation in the Theory of Action: An Exploration in Definition and Classification*. Cambridge: Harvard University Press, 1951.

Maio, G. R., Olson, J. M., Allen, L., et al. "Addressing Discrepancies between Values and Behavior: The Motivating Effect of Reasons." *Journal of Experimental Social Psychology*, 2001, 37 (2): 104 – 117.

Miller, M. F. "Relationship of Vocational Maturity to Work Values." *Journal of Vocational Behavior*, 1974, 5 (3): 367 – 371.

Oishi, S., Diener, E., Lucas, R., et al. "Across-cultural Variations in Predictors of Life Satisfaction: Perspectives from Needs and Values." *Personality and Social Psychology Bulletin*, 1999, 25 (8): 980 – 990.

Rohan, M. J. "Arose by any name? The Values Construct." *Personality & Social Psychology Review*, 2016, 4 (4): 255 – 277.

Rokeach, M. *The Nature of Human Values*. New York: Free Press, 1973.

Ros, M., Schwartz, S. H., Surkiss, S. "Basic Individual Values, Work Values, and the Meaning of Work." *Applied Psychology: An International Review*, 1999, 48 (1): 49 – 71.

Sale, C., Guppy, A., El-Sayed, M. "Individual Differences, Exercise and Leisure Activity in Predicting Affective Well-being in Young Adults." *Ergonomics*, 2000, 43 (10): 1689 – 1697.

Schwartz, S. H. "A Theory of Cultural Values and Some Implications for Work." *Applied Psychology*, 1999, 48 (1): 23 – 47.

Schwartz, S. H. "A Theory of Cultural Value Orientations: Explication and Application." *Comparative Sociology*, 2006, (5): 137 – 182.

Staw, B. M., Sutton, R. I., Pelled, L. H. "Employee Positive Emotion and Favorable Outcomes at the Workplace." *Organization Science*, 1994, 5 (1): 51 – 71.

Super, D. E. *The Psychology of Careers*. New York: Harper and Row, 1957.

Super, D. E. "The Structure of Work Values in Relation to Status, Achievement, Interests, and Adjustment." *Journal of Applied Psychology*, 1962, 46: 231 – 239.

Van Horn, J. E., Taris, T. W., Schaufeli, W. B., et al. "The Structure of Occupational Well-being: A Study among Dutch Teachers." *Journal of Occupational & Organizational Psychology*, 2011, 77 (3): 365 – 375.

Warr, P. B. *Work, Unemployment, and Mental Health*. Oxford: Oxford University, 1987.

Warr, P., Butcher, V., Robertson, I., et al. "Older People's Well-being as A Function of Employment, Retirement, Environmental Characteristics and Role Preference." *British Journal of Psychology*, 2011, 95 (3): 297 – 324.

Wright, T. A., Cropanzano, R. "The Role of Psychological Well-being in Job Performance: A Fresh Look at An Age-old Quest." *Organizational Dynamics*, 2004, 33 (4): 338 – 351.

Wright, T. A., Cropanzano, R., Denney, P. J., et al. "When A Happy Worker Is a Productive Worker: A Preliminary Examination of Three models." *Canadian Journal of Behavioral Science*, 2002, 34 (3): 146 – 150.

后 记

"高校辅导员职业价值观与工作幸福感及其相互促进机制研究"有幸被列为全国教育科学"十二五"规划教育部重点课题。随着课题研究的逐步开展，听到了不少辅导员的肺腑之言。在与他们交流的过程中，既可以深切地体会到他们工作繁忙、责任重大，也可以从他们身上感受到很多正能量。有不少辅导员提到，学生的成长与进步是他们工作幸福感最重要的来源，辅导员工作带给他们的感受是"累并快乐着""痛并快乐着"。当然，也有部分辅导员由于各种各样的原因而表现出了较强的职业倦怠。这其中既有职业价值观等内部因素的作用，也有环境因素的影响。

从职业价值观来看，我们发现，高校辅导员更为看重的是内在价值和精神需求的满足，外在价值和物质需求满足的重要性相对降低。研究结果是否受到了社会赞许效应的影响？这是需要研究者关注的一个问题。然而，在书稿撰写过程中，与一位十五六岁的少年的对话，让我更加相信，我们关于高校辅导员职业价值观总体倾向的发现，是时代进步的体现。

与少年的对话是这样的：

"你认为什么是工作幸福感？"

"一代人和一代人不一样吧。对我来说，就是价值和意义。"

这位少年的回答让我感到自豪和欣慰。同时，让我有理由相信，

后　记

对于多数出生于我国改革开放之后的，以"80后"和"90后"为主体的高校辅导员而言，我国经济社会的发展与进步在他们身上也会得到体现。

这种时代的进步带给教育主管部门和高校的挑战是：如何更好地满足高校辅导员所看重的"社会价值""能力发挥"等高层次需要？

相信随着与高校辅导员有关的体制机制的不断完善，辅导员的工作将会少一些不应有的累和痛，多一些快乐与幸福的体验。随着高校辅导员工作幸福感的提升，他们的积极性和创造性将会得到更好的发挥，他们在高等教育中的重要作用也将得到更好的体现。

在我们的研究即将完成之际，我由衷地对众多以学生的成长与发展为己任的辅导员表示深深的敬意。同时，我也要对众多在整个研究过程中提供各种支持和帮助的人表示由衷的感谢。

感谢张文新教授、谭秀森教授、王远研究员在课题开题时从不同角度提出的宝贵意见与建议。

感谢在研究的不同阶段，帮助联系访谈对象和调查对象的同仁和朋友。他们是车力轩、陈剑、陈永进、丁慎平、符明秋、高俊磊、胡建军、胡维芳、黄开艳、焦芳明、靳大力、康纯佳、赖小燕、雷鸣、李宝玺、梁红、廖策权、刘国秋、刘奎、刘婷、罗钧梅、欧岚、司继伟、田丽、王灿、王峰、王华刚、王亚萍、王瑶、肖传强、许荣梅、杨波、杨明均、叶海燕、叶凌雪、尹杰、章劲元、张平、赵崇莲、赵富才、郑伦仁、仲婕、周春燕、朱玲等。

感谢所有接受访谈和问卷调查的辅导员朋友，他们主要来自以下高校：华中科技大学、重庆大学、中国石油大学、中国政法大学、中山大学珠海校区、山东大学（威海分校）、中国地质大学（武汉）、郑州大学、西南大学、西南交通大学、广东财经大学、浙江师范大学、山东师范大学、山东理工大学、青岛农业大学、聊城大学、临沂大学、江苏理工学院、山东滨州学院、齐鲁师范学院、河南大学、河南理工大学、西华大学、四川师范大学、重庆邮电大学、重庆三峡学院、重庆文理学院、攀枝花学院、苏州工业园区职业技术学院、山东轻工职业学院、日照职业技术学院、潍坊职业学院、威海职业学院、淄博师范专科学校、四川中医药高等专科学校、四川职业技术学院、四川雅安职业技术学院。

还有的辅导员是在培训班上填答纸质调查问卷，或通过辅导员培训班QQ群填答问卷，因此不能确定他们所在的高校，在此同样对他们表示感谢。

感谢参与焦点小组访谈的所有辅导员，虽然出于保密原则，不能在此一一提及他们的姓名，但他们的真诚交流给我留下了很深的印象，在此对他们表示由衷的谢意。

研究后期的访谈得到了以下同仁和朋友的热情支持：黄开艳、刘灿德、刘东锋、王长恒、王晓冬、王亚萍、魏法汇、许敬、于国良、章劲元、赵明、仲婕，由衷地感谢他们！

感谢我校马克思主义学院、学生工作处、社会科学处的相关领导和同事对我们研究的大力支持！感谢冯琳琳博士在数据分析方面所提供的帮助！

感谢课题组成员刘海鹰、郑洪利、李逸龙、赵崇莲、李霞、牟海萍、王素霞、滕亮在研究不同阶段的付出！

在书稿的完成过程中，参考和借鉴了不少国内外研究者的文献，在此谨向这些文献的作者表示感谢！

由于才识和能力所限，我们的研究还存在需要完善的地方，行文过程中也难免会有疏漏，恳请专家和读者不吝赐教。

张爱莲

2018年10月3日